Fußball
Traum

Dank

Ich hatte das Glück, viele großartige Fußballspieler, Trainer, Präsidenten und Mitarbeiter der kleinen und großen Vereine kennen zu lernen, um mit ihnen über ihre Erfahrungen zum Thema des Buches zu sprechen. Sie gaben mir Einblick in die Methodik, nahmen sich die Zeit, ihre Einsichten mit mir zu teilen und förderten damit sehr entscheidend den Verlauf dieser Arbeit. So danke ich allen im Text vertretenen Interviewpartnern. Außerdem möchte ich mich bei denen bedanken, die im Hintergrund für die Entstehung der Gespräche und für die Entwicklung dieses Buches gearbeitet haben: Gerhard Meier-Röhn, Norbert Vieth, Erich Rutemöller, Harald Stenger, Michael Henke, Jörg Daniel, Matthias Freese, Werner Rudi, Rolf Ludwig, Jürgen Brinkmann, Susanne Fricke, Hans-Peter Renner und Marcus Hörwick, Dieter Schwartz, Gerhard Gotsch, Dieter Burdenski, Joaquin Romeu!, Patricia Martinez, Prof. Fritz Stemme, Jürgen Neppe, Kulli, Klaus Fink, Udo Blanck, Jonny Baez, Friedhelm Horn, Daniel Rundholz, Petra Böschen und Hans Seedorf, Christoph Schlegel, Henrik Pröhl, Jens Maiworm, Tanja Broszukat und Renate Purrucker, der nicht nur das letzte Kapitel gewidmet ist. Besonders verpflichtet bin ich Werner Mickler und Prof. Henning Allmer, Leiter des Psychologischen Instituts der Sporthochschule Köln. Sie gaben mir Einblicke in ihre wissenschaftliche Arbeit und entwickelten Visualisierungsbeispiele, wofür ich auch Dr. Heinz-Georg Rupp herzlich danke. Ohne meinen Agenten, Matthias Fricke, der von Anfang an Begeisterung für das Projekt zeigte und mir in jeder Phase der Entstehung dieser Arbeit mit Freude und Tadel zur Seite stand, wäre das Buch nicht entstanden. Das gleiche gilt für Ulrich Müller-Braun; Bernhard Lippert und Michael Casper danke ich ebenso und Dr. Roger Willemsen namentlich mit Freude.

Cornelia Müller

Spiele werden im Kopf entschieden

Cornelia Müller
in Zusammenarbeit und mit fachlicher Beratung von
Bernhard Lippert

Publizistische Beratung: Ulrich Müller-Braun

Erich Rutemöller

Vorwort

Keine Frage, es gibt unzählige Bücher über Fußball. Die einen erzählen von unvergesslichen Toren, die anderen beschreiben Trainingsformen auf dem Weg dorthin. TraumFußball vereint beides: Es zeigt die schönsten Torjubelmomente und lässt die Champions erzählen, wie sie sich die Siege denken, träumen und mental erarbeiten.

Die kleinen Geheimnisse der großen Fußballer und die Erfolgsformel dieses Buches werden fortan unsere Arbeit in einem Bereich ergänzen, in den wir bislang wenig Einblicke hatten: Das mentale Training im Fußball. Umso schöner, dass sich die Autorin intensiv mit der optimierenden Gedankenkraft auf dem grünen Rasen auseinander gesetzt hat, denn Traumfußball ist nur dann möglich, wenn die Spieler den Kopf frei haben, um ihre individuelle Spielstärke freizusetzen.

Ich lege jedem Fußballer, Fan und Infizierten das Buch ans Herz, weil es einfach Spaß macht: Blättern und Lesen, dabei die Strategien mentaler Trainingsformen erfahren, um die Seiten des ganz persönlichen Torjubels für sich zu entdecken.

Erich Rutemöller

Inhalt

1. Anpfiff

Stellen Sie sich vor ...
Sie sind der Spielmacher, der Impulsgeber innerhalb Ihrer Mannschaft, weil Sie um das Geheimnis der entscheidenden Tore wissen. Sie spielen Fußball auf höchstem Niveau, sind stark motiviert, Sie kennen Ihre Ziele und wollen sie erreichen.

Lehnen Sie sich einen Moment zurück und denken Sie an vergangene und zukünftige Spieltage: Aufstiegsspiele, eine Meisterschaft oder das ganz normale Punktspielwochenende.
Holen Sie sich noch einmal gelungene Spielsituationen in den Kopf zurück, erinnern Sie sich an dramatische Torszenen, an den letzten Sieg. Lassen Sie sich noch einmal vom Jubel Ihrer Mannschaft packen. Spüren Sie den „Hunger" auf den Ball. Und sehen Sie im Geiste die Überlegenheit Ihres Teams.

Kennen Sie das?
Selbstverständlich kennen Sie das. Wir nennen es „träumen"; den Situationen nachzusinnen, sich an gute Spielmomente zu erinnern oder sie gedanklich vorwegzunehmen. Auf diese Weise können Sie endlos weiterdenken: wie Sie Bälle unhaltbar versenken oder als Torwart einen Elfmeter halten. wie Sie in der Deckung das Dribbling des Gegners verhindern oder den Pokal für die gewonnene Meisterschaft in die Höhe stemmen.
Sie können sich sogar einen gelassenen Trainer träumen, der Sie zum Führungsspieler macht, oder ein begeistertes Publikum, das in Sprechchören Ihren Namen ruft. Wunderschöne Flanken, die direkt zum Tor führen, gelungene Volleyschüsse, ein Freistoßtor, das „Golden Goal" in der Verlängerung oder die ausgelassene Mannschaftsfeier. In Ihren Gedanken ist alles möglich.

Wie wäre es, ...
wenn es eine Möglichkeit gäbe, aus diesen Träumen wirkliche Tore und echte Siege zu machen? Wenn es eine Methode gäbe, die von gedanklichen Vorstellungen zu erfolgreichen Spielmomenten führt!?
Etwa so: Sie kennen eine einfache Technik, die Ihren Gedanken auf die Sprünge hilft. Die aus Ihren Vorstellungen von Toren, Punkten und Siegen bessere Spielzüge für den grünen Rasen entwickelt. Die den Spielmacher in Ihnen weckt, für mehr Gelassenheit in stressigen Momenten sorgt und jederzeit einsetzbar ist.

Es gibt diese Methode: Wissenschaftler und Neurologen nennen sie VISUALISIERUNG. Und meinen damit das bewusste, *also gewollte Vorstellen erfolgreicher Spielsituationen.* Auf diese Weise können Sie sich zum erfolgreichen Torschützen träumen, Visionen von taktischer Cleverness entwickeln oder auch einem lukrativen Wechsel zu einem besseren Verein auf die Sprünge helfen. Visualisierung ist die bewusste Vorstellung, also die gedankliche Vorwegnahme erfolgreicher Momente, mit dem Ziel, diese umzusetzen und sie genau so zu erleben.

Viele erfolgreiche Fußballer arbeiten bereits mit dieser Methode. So unterschiedlich sich die Karrierewege und Erfolgsrezepte der Fußballprofis auch gestalten, eines ist allen gemein: die Arbeit mit der Methode des bildhaften Erdenkens von erfolgreichen Situationen. Sie „erträumen" sich Erfolge, visualisieren Tore und Siege.

Konnten Sie sich die beschriebenen Spielszenen vorstellen? Wenn ja, dann haben sie bereits visualisiert. Denn sobald Sie sich in zukünftigen oder vergangenen Situationen wie in einem Film stürmen, passen oder schießen sehen, arbeiten Sie mit den Grundlagen der Visualisierung. Wie die Profis. Nun gibt es einige simple Regeln, mit deren Hilfe Sie Ihre Gedanken am wirkungsvollsten für sich arbeiten lassen, damit am Ende wirklich die entscheidenden Treffer fallen.

Sepp Herberger, „Vater" der Visualisierung?
Trainerlegende Sepp Herberger setzte bereits in den 50er Jahren die Visualisierung erfolgreich für sich ein – wenn auch nicht direkt auf dem Spielfeld:

Herberger, selbstverständlich im Besitz einer gültigen Fahrerlaubnis, hatte während der Kriegswirren auf einen fahrbaren Untersatz verzichtet. Anfang der 50er Jahre bekam er vom Deutschen Fußballbund einen Wagen gestellt – ein wertvolles Stück Freiheit, mit dem er sich auf erste vorsichtige Probefahrten begab, um langsam wieder „in Gang" zu kommen.

Eines Tages kommt Herberger an eine Rot zeigende Ampel am Berg. Er hält und will beim Umspringen der Ampel anfahren: auskuppeln, Gas geben, gleichzeitig die Handbremse lösen ... abgewürgt. Er lässt den Wagen an, die Ampel ist zwischenzeitlich wieder auf Rot umgesprungen und der Trainer startet entnervt nach der Haltephase einen neuerlichen Versuch ... einen weiteren ... und noch einen. Bis er endlich über die Kreuzung holpert, sind mehrere Grünphasen vor seinen Augen davongezogen.

Was tut der Trainer? Er legt sich am Abend ins Bett, schließt die Augen und stellt sich vor, wie er hinter seinem Lenkrad sitzt und dann – butterweicher Ablauf – gleichzeitig die Kupplung kommen lässt, das Gaspedal senkt und die Handbremse sachte löst. Der Wagen fährt vor seinem geistigen Auge problemlos an und verschwindet zügig von der Kreuzung. Diesen Vorgang lässt er wiederholt über den „inneren Bildschirm" laufen ...

Bei der nächsten Ampel an einem Hang funktioniert es tatsächlich – und Sepp Herberger erzählt seinen Spielern wieder und wieder von dieser Technik: „Was ihr unbedingt wollt, das klappt auch. Stellt es euch vor. Es ist im Kopf gespeichert – und dann müsst ihr diese Bilder in der entscheidenden Situation einfach wieder abrufen."

Träumen, spielen und gewinnen?
Wenn Sie die Grundzüge dieser Methode verstanden haben, dann können Sie zukünftige Spielmomente entscheidend beeinflussen. Der Trick ist wirklich, bewusst in Bildern zu träumen, einen Film durch die Gedankenwelt laufen zu lassen und sich eine Fußballsituation vorzustellen, wie Sie sie gern hätten. Wieso diese Momente im Unterbewusstsein gespeichert werden und weshalb der Denkprozess bei der Umsetzung hilfreich ist, dazu kommen wir später. Zunächst einmal sollten Sie nur eine Tatsache in Ihren Gedanken festhalten: Mit diesem Instumentarium können Sie tatsächlich Ihr Spiel auf dem Rasen verändern.
Mehr Tore? Mehr Siege? Mehr Punkte? Sie werden es erleben.

Mehr Erfolg?
Erfolg ist relativ. Manche Fußballer spielen nur für die berühmten drei Punkte. Andere Spieler wiederum messen den Erfolg an der Siegprämie – und die wahren Liebhaber des runden Leders haben in 90 Minuten alles von sich gegeben, jede sich bietende Chance zwischen Abwehr und Angriff genutzt und bis zum Abpfiff für die eigenen Reihen gekämpft. Aber trotz dieser Unterschiede sind sie alle erfolgreiche Fußballer.

Welcher Treffer?
Was Sie unter „erfolgreichem Fußball" verstehen, ist individuelle Ermessenssache. Das heißt, wenn Sie wollen, dann verbessern Sie beispielsweise „per Vorstellung" die Kraftreserven für die letzte Spielminute, mit deren Hilfe Sie möglicherweise Sekunden vor dem Abpfiff ein Tor des Gegners auf der Linie verhindern. Oder Sie visualisieren unwiderstehliche Sololäufe, an deren Ende Sie den Ball im rechten Winkel des Tores versenken. Entscheidend ist, dass Sie durch den Einsatz mentaler Kräfte Ziele müheloser und schneller erreichen, als wenn Sie sich nur auf Ihre Füße verlassen. Außerdem denken wir Menschen ohnehin ständig, wieso also nicht für besseren Fußball?

Vergnügen garantiert
Was immer Sie mit dieser Form des mentalen Trainings anfangen wollen, eine Entwicklung ihres Spiels und verbesserte Chancen sind damit garantiert. In diesem Buch erfahren Sie eine Menge über Strategien des Denkens, erhalten Tipps und Tricks aus dem europäischen Profifußball, erhöhen ihre Leistungskapazität mithilfe eines leicht anzuwendenden Baukastensystems und nehmen sich einfach heraus, was Sie für Ihr Spiel noch benötigen.

Die großen Spiele werden im Kopf entschieden

Günter Netzer hat im Fernsehgespräch mit Roger Willemsen über die Bedeutung gedanklicher Vorgänge gesagt: „Große Spiele werden im Kopf gemacht. Wenn man besonders gut Fußball spielt, dann kommt es aus dem Geist, aus der Intuition ..." Darin sind sich die Champions einig: Neben einem gut trainierten Körper, der Kraft, Schnelligkeit und Ausdauer liefert, sind Techniktraining, Taktikverbesserung und eine Optimierung gedanklicher Vorgänge die entscheidenden Grundelemente, die einen guten Fußballer ausmachen. Fundament eines jeden Spitzenkickers sind selbstverständlich angeborenes Talent und ehrliche Spielfreude. Um aber auf dem Fußballfeld erfolgreich zu sein, nutzen die Profis Techniken, um mentale Prozesse bewusst zu steuern.

„Dream and Kick ..."

Traumfußball also. Wichtig ist zunächst nur, dass Sie sich außergewöhnliche Momente vorstellen können: die Meisterschaft für die kommende Saison. Dass Sie sich „um die Ecke" spielen sehen und den Ball auf dem inneren Bildschirm aus vollem Lauf ins Tor drücken. Mit der Visualisierung können Sie erreichen, dem Fußballspiel das Unvorhersehbare und Unkontrollierbare ein wenig zu nehmen: Das ist das Ziel eines jeden Spielers.

Kampf statt Krampf

Sobald Sie mit Ihrer Mannschaft auf das Fußballfeld laufen und der Schiedsrichter die Pfeife an die Lippen setzt, startet in Ihrem Gehirn automatisch eine Art „Lösungssuchmaschine". Das heißt, sobald das Spiel angepfiffen ist, arbeitet Ihr Kopf für (fast) nichts anderes, als Lösungen zu den im Spiel auftretenden Problemen zu suchen.

Und die beiden Hauptprobleme während eines Fußballspiels sind:

1. Der Ball muss ins gegnerische Tor
2. Der Ball darf auf keinen Fall ins eigene Tor

Während der gesamten 90 Minuten sucht Ihr Hirn also nach Lösungen für diese zwei Probleme. Hauptsächlich suchen Ihre Gedanken jedoch nach Erfolg versprechenden Zwischenlösungen wie „Zweikampf gewinnen", „finalen Pass spielen", „sichere Manndeckung aufbauen" und „traumhaft flanken".
Gute Lösungen hat Ihr Kopf geliefert wenn Sie Erfolge im Spiel erzielen, vor allem, wenn der Spielzug zu einem Tor führt. Das ist Hochleistungssport auch für das Gehirn: Sie wissen am Besten, wie anstrengend es häufig ist, im Kampf um die Punkte ständig die richtige Lösung parat zu haben.

Torhüter-Special
Für den Torwart heißt das einzige Problem: Tor sauber halten! Und die Suche nach den richtigen Lösungen beginnt in seinem Kopf, wenn er entscheiden muss, ob er bei einem gegnerischen Angriff das Tor verlassen soll oder nicht.

Oliver Kahn findet es klasse: *„Dieser ständige Kampf im Kopf … faszinierend!"* Soll er hinauslaufen oder auf der Linie kleben bleiben, wenn der Feldspieler mit dem Ball naht? Strafraumbeherrschung ist die ständige Suche nach der perfekten Lösung, nämlich exakt im entscheidenden Augenblick die Linie zu verlassen, um den Ball in der richtigen Höhe zu erreichen.

2. Visualisieren ...

Fans setzen sich bunte Käppis in den Vereinsfarben auf den Kopf. Sie binden sich bunte Schals um den Hals und an den Gürtel und reisen für ihre Mannschaft quer durch die Republik.

Richtige Fans leiden fast körperlich, wenn ein Ball verloren geht, halten sich durch gute Sprüche warm und bei Laune, um in gewaltigem Torjubel für einen versenkten Elfmeter zu explodieren.

Wer diese Sekunde der Glückseligkeit kennt, die nach einem verwandelten Elfer Spieler und Fans miteinander verbindet, der vergisst diesen Moment nie wieder.

... und wirklich gute Fußballspieler haben längst verstanden, dass jedes Spiel von der Begeisterung und Verbundenheit ihrer Fans lebt.

Ottmar Hitzfeld ...
mag diese Bilder. Der erfolgsverwöhnte Trainer kennt diese Momente – und er nutzt die Vorstellung ausgelassener Fans, das Bild vom Jubel auf den Rängen, von der Welle hochgerissener Arme, die schönen Bilder aus den Fußballstadien für dieVisualisierung, mit der er arbeitet. Hitzfeld stellt sich Situationen vor, in denen der Sieg seiner Mannschaft gefeiert wird oder ...

... die Trophäe. Der Kopfarbeiter und konzentrierte Ausbilder Hitzfeld kennt noch mehr dieser gedanklichen Schnappschüsse, die er für bevorstehende Spiele nutzt: Champions-League, Deutsche Meisterschaften, DFB-Supercup ... Hitzfeld visualisiert „den Pokal". Er stellt sich vor, die Trophäe in den Händen zu halten. In seinen Gedanken lässt er die Mannschaft den Coup mit der begehrten Schale in Händen feiern. Das Publikum jubelt. Der Sieg ist geschafft.

Erfolgsmenschen mit mentalen Tricks ...
Genau wie sich Sepp Herberger seinen Start an der grünen Ampel vorstellte, um beim nächsten Mal holperfrei über die Kreuzung zu fahren, so stellen sich die Fußballprofis von heute in der Vorbereitung großer Spiele ihre Siege im Kopf vor. Sie „erträumen" sich Bilder, die künftige Triumphe zeigen: begeisterte Fans, flatternde Schals und gestemmte Pokale, die durch häufige Wiederholung in den Gedanken fest verankert werden.

... gibt es nicht nur im Fußball
Tennis-Ass Boris Becker verriet vor Jahren in einem Interview, dass er seine Spiele hauptsächlich im Kopf gewonnen hat. Gedanklich spielte er gefährliche Züge durch, schaffte sich innere Bilder von unhaltbaren Aufschlägen – „erträumte" sich Asse und Matchbälle. Ging er auf den Platz, dann hatte er in seinem Unterbewusstsein das Spiel schon gewonnen. Der Erfolg gab ihm Recht.

Sobald Sie sich einen besonders guten Moment auf dem Fußballplatz vorstellen können, das heißt, ein Bild vor Augen haben, in dem Sie sich gelungene Freistoßvarianten schießen sehen, Bälle gekonnt ins Tor lupfen oder am gegnerischen Verteidiger vorbeiziehen, können Sie die „geträumten fußballerischen Erfolgsmomente" nutzen: indem Sie sie für künftige Spielsituationen visualisieren.

Diese Situation kennen Sie doch auch:
Es steht eine wichtige Begegnung bevor, etwa ein Einstellungsgespräch, wichtige Vertragsverhandlungen oder der Besuch bei den künftigen Schwiegereltern. Schon im Vorfeld dieses Termins geht Ihnen der Gedanke an mögliche Patzer immer wieder durch den Kopf. Wie werden Sie sich verhalten? Welche Figur werden Sie in dieser Situation abgeben? Welche Krawatte werden Sie tragen, welches Hemd? Und was sagen Sie in den entscheidenden ersten Minuten? Es hängt viel ab vom Ausgang dieses Termins, da lohnt es sich schon, vorher darüber nachzudenken. Sie nehmen die bevorstehende Konstellation gedanklich vorweg, erinnern sich daran, wie Sie sich in ähnlichen Begegnungen verhalten haben …
und hoffen das Beste!

Sollten Ihre Erinnerungen jedoch durch missliche Erfahrungen getrübt sein, sind Sie etwa bei Vorgesetzten, Vertragspartnern oder Schwiegereltern regelmäßig "aufgelaufen", dann werden Sie mit einem Schaudern an das bevorstehende Zusammentreffen denken – und Ihre Gedanken malen im schlimmsten Falle ein Bild des Schreckens.
Das wäre schlecht für den Ausgang des bevorstehenden Gespräches – denn genauso, wie die vorgeträumten Volleys eines Boris Becker zu echten Volleys auf dem Tennisplatz werden, so erfüllen auch Ihre vorauseilenden trüben Gedanken am Ende höchstwahrscheinlich ihre traurige Pflicht.

Das Prinzip ist einfach. Wenn Sie als Gewinnender am Verhandlungstisch sitzen oder über den Platz stürmen wollen, dann sollten Sie in Ihren Gedanken auch genau so aussehen.

Visualisieren Sie in entspannten Augenblicken angenehme Bilder, dann füllen Sie das Unterbewusstsein mit optimierenden Informationen:

Das Unterbewusstsein
ist die stärkste Triebfeder Ihres Lebens. Stellen Sie sich das Unbewusste wie eine große Deponie oder Festplatte vor, in der vom ersten Tage Ihres Lebens an Erfahrungen und Erlebnisse gesammelt werden: angenehme Situationen, Verletzungen, Momente des Sieges. Diese inneren Bilder, Gedanken und Vorstellungen werden alle gesammelt und auf der Festplatte gespeichert.

Wenn Sie nun als Fußballspieler in eine brenzlige Situation geraten, dann liefert das Unterbewusstsein automatisch Impulse, die Sie bremsen oder vorantreiben, je nachdem, was auf ihrer Festplatte gespeichert ist: negative Bilder oder erfolgreiche Momente.

Die Methode ist also, das Unterbewusstsein mit Bildern künftiger Siege zu füttern, damit es im entscheidenden Moment die richtigen Impulse liefert, die Sie nach vorn katapultieren:

DAS UNTERBEWUSSTSEIN ERFOLGREICHER PROFIS IST PRALL GEFÜLLT MIT OPTIMIERENDEN BILDERN, VORSTELLUNGEN UND GEDANKEN.

Lance Armstrong
Der amerikanischer Radrenn-Profi gewann mithilfe der bewusst gesteuerten Visualisierung in den 90er Jahren den härtesten Kampf seines Lebens: Der Sportler trotzte einer Krebserkrankung, indem er sich ein inneres Bild des Heilungsprozesses machte: „Wenn ich aufs Klo ging, stellte ich mir vor, ich würde abgestorbene Krebszellen auspinkeln … ich hustete Krebs, ich pinkelte Krebs, ich wollte ihn auf jede mögliche Art und Weise loswerden!"

IN SEINEM BESTSELLER Tour des Lebens beschreibt Armstrong eindrucksvoll, wie er sich durch Chemotherapien kämpfte, in fein abgestimmter ärztlicher Behandlung wieder und wieder aufgebaut wurde – und sich in seiner Verzweiflung immer neue Vorstellungen vom Triumph über die Krankheit schuf.

Lance Armstrong schaffte es. Und trotzte damit allen ärztlichen Prognosen: Er erholte sich tatsächlich, begann vorsichtig zu trainieren und setzte sich wieder in den Sattel seines Profirades. In einem Genesungsgratulationsschreiben bemerkte der Sportdirektor des U.S. Postal Teams unkend: „Auf dem Siegerpodest der Tour de France werden Sie eine gute Figur machen."

DIESE VORSTELLUNG GEFIEL DEM RADPROFI Armstrong. Er stürzte sich in die Vorbereitungen, begann die Bilder des Coups zu visualisieren, trainierte bis zum Umfallen und siegte wahrhaftig beim härtesten Radrennen der Welt – der Tour de France – von 1999 an mehrmals hintereinander!

DIE UMSETZUNG AUF DEM FUSSBALLFELD
Sie spielen sich gedanklich durch Spielsituationen. Wann immer Sie Zeit dafür haben, lehnen Sie sich entspannt zurück, schließen die Augen und lassen die persönliche Fußballübertragung über den inneren Bildschirm laufen:
positive Szenen aus der letzten Saison, an die Sie sich gern erinnern und Augenblicke, wie Sie sie erleben möchten.

Begeistern Sie sich für Ihre Ziele
Wie gesehen, arbeiten Radrennprofi Lance Armstrong, Fußballtrainer Ottmar Hitzfeld und Tennislegende Boris Becker mit bewussten gedanklichen Vorstellungen, um zu siegen. Dafür schaffen sie sich unterschiedliche Wunschbilder: Hitzfeld überlegt sich ein Symbol für den Sieg, nämlich die Trophäe oder ein begeistertes Publikum. Becker „sieht" sich ein Spiel gewinnen. Und Armstrong schuf sich das innere Bild, in Paris kerngesund auf dem Siegertreppchen zu stehen. Ein jeder träumt den positiven Ausgang seiner Situation auf seine Weise. Eines ist jedoch allen gemein: der unbedingte Wille, zu gewinnen, und dafür bedarf es der Begeisterung für das persönliche Ziel.

Visualisieren Sie einfach los
Für den Anfang benötigen Sie nur etwas Ruhe, einen klaren Kopf, der befreit ist von störenden Gedanken und eine Vorstellung von Ihrem individuellen Ziel. Wann immer Sie ein wenig Zeit haben, schließen Sie für einen Moment die Augen und fahren Ihren persönlichen „Film" ab … Tempodribblings, versenkte Elfmeter, Traumpässe, Begeisterung in der Westkurve, ein strahlender Trainer, drei Punkte in der Tabelle … Visualisieren Sie die ganze Bandbreite intensiver Momente.

Dafür können Sie die Sekunden vor dem Einschlafen nutzen, die Minuten der TV-Werbepause oder den Besuch in der Sauna. Suchen Sie sich Momente der Entspannung im Alltag, um gedanklich mit der Visualisierung zu spielen …
Genießen Sie sekundenlanges Abtauchen in den Traumfußball.

3. Große Spiele ...

Als Fußballer kennen Sie die kurzen Momente, in denen alles optimal läuft – etwa so: Kurz vor Ende der ersten Halbzeit kommen Sie an der Mittellinie an den Ball, nehmen nur noch den Moment wahr, starten ein Dribbling Richtung Tor und sehen den Ball schon im Kasten ...
Gegnerische Spieler sind in diesen Sekunden nicht mehr als Slalomstangen, die es zu umspielen gilt, drei Verteidiger lassen Sie im Strafraum stehen – und schießen dem Torwart den Ball durch die Beine ... Tor!

NATÜRLICH hätten Sie abgeben können, und von außen betrachtet ist ein Sololauf über das gesamte Feld eine gefährliche und risikoreiche Angelegenheit. Aber es gibt sie, die Situationen spontanen Handelns, in denen Sie nicht nachdenken, nur spielen. Ganzheitlich. Sie haben nur das Tor im Gefühl, im Blick, in den Beinen und „sehen" innerlich den Ball bereits in den Maschen.

Strategien entstehen im Gefühl?
Oder im Kopf? Wenn Sie sich im Vorfeld ein Bild davon machen, was Sie auf dem Spielfeld erreichen wollen, dann spielen Sie in der entscheidenden Situation immer noch aus dem Gefühl heraus, aber mit einem verbesserten Impuls – durch die optimierende Wirkung mentaler Arbeit. Schaffen Sie sich trickreiche Bilder zukünftiger Torchancen, sobald Sie dann auf dem Fußballplatz in das nächste Spiel gehen, gibt Ihr Unterbewusstsein Anstöße, die Sie in den Spielsituationen impulsiver und stärker werden lassen.

Das Tor des Jahres
Es ist nur eine Vermutung, aber es sieht danach aus, als hätte sich Diego Maradona vor dem WM-Viertelfinale 1986 gegen England seine Gedanken gemacht. Bevor er in jenem beispiellosen Sololauf sieben Gegner stehen ließ, sah er sich in seinen Gedanken wahrscheinlich auf der inneren Leinwand im Alleingang wieder und wieder auf ein Tor zusteuern, Spieler umdribbeln und das Leder am Torwart vorbei in den Kasten schieben. Mit diesem legendären Tor schoss sich der Argentinier in die Fußballgeschichte.

STRATEGIEN für erfolgreichen Fußball werden im Kopf geschaffen – jedoch nur, damit Sie im entscheidenden Moment aus dem Gefühl heraus richtig handeln.

OLIVER KAHN
Zunächst einmal ist er ein Kraftpaket aus Konzentration und Kampfgeist. Außerdem ist Kahn dafür bekannt, dass er trainiert bis zum Umfallen. Hütet er das Tor, so lässt er den Ball nicht für den Bruchteil einer Sekunde aus den Augen – auch wenn das runde Leder gerade verloren durch den Strafraum des Gegners eiert. Oliver Kahn hat den absoluten Willen, der ihm den Weg zum Ziel bahnt. Sein Ziel ist der Sieg.

Mit unglaublicher Intuition – also dem Gefühl für die richtige Entscheidung – begegnet der Torwart den Bällen. Auch die Gelupften, Gehämmerten, Geschobenen und Geköpften hält er. Reaktionen aus dem Gefühl? Ausdruck des Könners.
Wie wurde Kahn, der von Fachpresse mit so vielenTiteln bedachte Fußballer zum „Torwart-Titan"? Was macht den „Welttorhüter des Jahres 2002" zum viel zitierten „mental stärksten Spieler"?

Oliver Kahn ist fasziniert von psychologischen Vorgängen, die ihm helfen, sein Spiel zu verbessern. Er befasst sich mit Visualisierungen, kümmert sich um die eigene Willenstärke und kämpft für die Ziele der Mannschaft. Er kann sich vorstellen, wie ein gehaltener Elfer aussieht, aber eben auch, wo die Flugbahn eines Volleys endet. Und weil auch Kahns Kopf hervorragend trainiert ist, kann sich der Torwart in entscheidenden Momenten – zumindest meistens – auf die richtigen Impulse verlassen.

Wie Sie zum „Profi der Visualisierung" werden, sehen Sie später. Es gibt einen besonders günstigen Moment, um gedankliche Bilder ins Unterbewusstsein „abzuschicken".

Die Taktik sieht so aus: Sie wollen besseren Fußball spielen und erträumen sich dafür im Vorfeld positive Bilder. Sie visualisieren sich zum Torschützen, zum Kämpfer, zum besseren Taktiker. Psychologen arbeiten mit dieser Form des mentalen Trainings, gemeint ist damit das bewusste Durchspielen von bevorstehenden Handlungssituationen. Sie wissen genau, was Sie erreichen wollen? Auf dieses Ziel lenken Sie Ihre Gedanken und gleichzeitig die Gefühle. So schulen Sie Ihren Geist, indem Sie mit positiven Vorstellungen arbeiten.

Die wohl verrückteste Geschichte ...
zum Thema Vorstellungskraft lieferte Christoph Daum, als er seiner Kölner Mannschaft vor Spielbeginn 23 Tausend-Mark-Scheine an die Kabinentür heftete, um den Spielern ein Bild von der Siegprämie zu machen, die nach dem Spiel als Belohnung winkte.
Der 1. FC Köln gewann an diesem Tag tatsächlich gegen den FC Bayern München.

Erich Rutemöller überraschte Anfang der 80er Jahre die Amateure des 1. FC Köln durch folgenden Geistesblitz: Um die Oberliga-Mannschaft auf Sieg einzustimmen, bat er die Spieler, sich gedanklich in die Rolle des gegnerischen Trainers zu versetzen und quasi „mit seinen Augen" die eigene Spielstärke zu analysieren. „Schaut euch den Spieler X an, der ist besonders laufstark ... Abwehrspieler Y zeigt Cleverness und der Torwart zeichnet sich durch großartige Strafraumbeherrschung aus." Durch diese ungewöhnliche Ansage Rutemöllers erhielten die Fußballer eine Vorstellung ihres Könnens, gingen hochmotiviert auf den Platz – und gewannen überraschend ein entscheidendes Auswärtsspiel.

Wirklich „den Kopf frei machen" und „Platz schaffen" für positive Bilder können Sie, indem Sie sich die Spielvarianten Ihrer Vorbilder einprägen, wenn Sie im Stadion sind – oder die Favoriten bei Übertragungen im Fernsehen beobachten. Mithilfe dieser Bilder fällt es leicht, herauszufinden, wie Sie Ihre Spielzüge verbessern können. Was sicher auch Ihre Trainer gern mit Ihnen reflektieren.

Mentales Training lebt also von der Vorstellungskraft. Und **gedankliche Glanzleistungen** entstehen am besten in entspannten Momenten, in einem Kopf, der frei ist von negativen Schattierungen: Sie müssen also stressfreie Zonen im Alltag schaffen und Schwachpunkte gedanklich durch optimierte Spielsituationen ersetzen.

Entspannung ist also unbedingte Voraussetzung für gelungene Visualisierung. **Es gibt viele Wege, den Alltagsstress zu vermindern. Die einfachste Methode kennen Sie als Fußballer bereits aus dem Effeff ...**

4. „Kopf frei" ...

Die Profis nutzen eine bestimmte Methode gegen trübe Gedanken. Sie wissen, wie sie in kürzester Zeit den Kopf frei bekommen und gleichzeitig ein inneres Programm starten, das den gewohnten Stress beseitigt, um Lösungen und Strategien für künftige Situationen zu finden:

Die Profis LAUFEN.
Die Wirksamkeit des Laufens für Entspannung und positive Gedanken liegt allerdings nicht im Laufen selbst, sondern in der GESCHICHTE DAHINTER.

Stress haben Sie auf dem Fußballfeld doch mehr als genug:
Der Raum wird immer enger, die Gegner spielen immer härter und die Zeit läuft davon ... Sie aber müssen weiterhin konzentriert reagieren und weiterspielen. Sie kennen das Gefühl: Situationen, in denen Sie unter Druck stehen, schlagen sich im Körper und im Kopf nieder, sie blockieren die euphorischen Momente, den Spaß, das Gefühl für Spiel, Tor und Sieg. Negative Stresssituationen verdrängen zuverlässig positive Gedanken, Vorstellungen und Glücksgefühle.

Der einfachste Weg, den Stress aus dem Kopf zu „knipsen" ...
ist die leichte Ausdauerbewegung. Sie nehmen quasi das Hintertürchen über die Bewegung der Beine, um entspannend auf Kopf und Gedanken einzuwirken. Durch das leichte Laufen „tunen" Sie ihr Blut, den persönlichen Treibstoff eines jeden Menschen, der die entscheidenden Informationen für die innere Stresslage beinhaltet. Im Blut befinden sich Hormone und Antriebsstoffe, die den inneren Zustand des Organismus bestimmen: Langsam joggend entstressen Sie Ihren Organismus, entfernen störende Gedanken aus dem System – und beeinflussen so auf positive Weise Ihr gesamtes Befinden.

Mentale Schubkraft und Dynamik
Stellen Sie sich Ihr Blut einfach wie einen Hormoncocktail vor. Die Zusammensetzung beeinflusst Ihr Denken und somit die Gefühle, die sich naturgemäß in künfigen Spielsituationen niederschlagen. Stimmt die Mischung, dann wirkt der Cocktail anregend und belebend auf das Spiel. Stimmt sie nicht, dann fühlen Sie sich gestresst, müde und schlapp.

Um auf die Schnelle die Wirkung der Hormone auf den organischen Gesamtzustand zu verstehen, sollten Sie sich nur zwei der Stoffe in Ihrem Blut etwas genauer anschauen: Die HORMONE ADRENALIN UND TESTOSTERON sind verantwortlich für Spielfreude und Einsatz, sie sorgen für den nötigen Biss und die richtige Einstellung.

ADRENALIN – TESTOSTERON
Das Stresshormon Adrenalin sorgt für den nötigen Kampfgeist im Fußball. Die Nebennieren schütten den Stoff in Stressmomenten vermehrt aus – was gut ist, wenn der Spieler gerade auf dem Platz kämpfen oder rennen muss. Fehlt es ihm, dann mangelt es auch am „Biss", Zweikämpfe zu führen und zu gewinnen. Adrenalinschübe IN DER RICHTIGEN DOSIERUNG sorgen also für den nötigen Einsatz auf dem Rasen. Kreist jedoch zuviel dieses aggressiven Stoffes durch die Adern – was bei den meisten Mitteleuropäern in einem normal-stressigen Alltag der Fall ist – dann bewirkt er Abgeschlafftheit, Reaktionsschwäche und somit Unkonzentriertheit ... schlecht für jede Spielsituation. Ein zu hoher Adrenalinspiegel greift die Gefäße an, führt zu Ablagerungen in diesen und lähmt die Gedanken.

Testosteron ist als männliches Sexualhormon bekannt. Tatsächlich ist das Geschlechtshormon für den sexuellen Antrieb verantwortlich – aber eben auch für die Lust zum Kämpfen, Spielen und Siegen. Testosteron ist seit Urzeiten der Antrieb, Beute (oder Bälle) zu jagen und Angreifer abzuwehren. Unter negativem Stress allerdings sinkt der Testosteronspiegel ab, was zu ängstlichem, unsicherem und fahrigem Verhalten führt.
Die Folge: Der Spieler macht schlapp, die „Geistesblitze" sind weniger hell, Spielfreude und Begeisterung schlafen (nicht nur auf dem Fußballplatz) ein.

Den Pegel dieser zwei Hormone auf Idealmaß zu bringen, muss also das Ziel sein, wenn Sie Stresssituationen in den Griff bekommen möchten. Jeder Gedanke, jedes Gefühl – jene inneren Momente also, die entscheidend sind für Einsatz, Siegeswillen und den Ausgang des nächsten Punktspiels – hängen von der richtigen Zusammensetzung ihres „Treibstoffgemischs" ab:
ADRENALINSPIEGEL ABSENKEN, TESTOSTERONPEGEL ANHEBEN!

Genau so arbeiten erfolgreiche Profis mit dem Wissen um diese hormonellen Wirkungen, denn sie nutzen das einfache Regulierungssystem ihres Organismus, um den Hormonspiegel auf ideale Werte auszusteuern: Sie „tunen" ihr Blut mit entspanntem Jogging. Viele Spitzenkräfte aus Sport, Wirtschaft, Geisteswissenschaften und Politik laufen eine halbe Stunde täglich. Das verschafft ihnen eine belebende Wirkung aus Entstressung, optimierenden Gedanken, Kampfgeist, Freude und Mut.

Noch ein Blick auf das Hormon Testosteron:
Für eine Studie der Georgia State University wurden Testosteronuntersuchungen an Testpersonen aus den Bereichen Wirtschaft, Sport, Kirche und Politik vorgenommen. Das Ergebnis war überraschend: In allen Gesellschaftszweigen hatten die Spitzenkräfte der jeweiligen Branche den höchsten Testosteronspiegel, mittelmäßig erfolgreiche Leistungsträger nur mäßige Werte und die weniger einflussreichen Probanden die niedrigsten.
Leistung und Formsteigerung sind also vom Testosteron-Spiegel im Blut abhängig.
Das amerikanische Forscherduo Pease beobachtete während einer Studie, dass männliche Tiere mit dem höchsten Testosteronspiegel in der Hackordnung ganz oben stehen. Verbinden Sie diesen Gedanken doch einmal mit Ihren Chancen auf dem Fußballfeld ...
Was Sie noch interessieren dürfte: Testosteron verbessert die räumlich-visuellen Fähigkeiten – also das räumliche Sehen.
Wie Sie wissen, entscheidet auch *das* über den Erfolg auf dem Spielfeld: Räumlich-visuelle Fähigkeiten helfen Ihnen, die Flugbahn eines Balles einzuschätzen und verschaffen Durchblick beim Spiel in engen Räumen.

Die Läufer. Die Jogger. Die Verrückten dieser Welt?
Wenn Sie verstanden haben, dass Gedanken und Gefühle auch von biochemischen Prozessen des Körpers gesteuert werden, die Sie durch langsames, entspanntes Laufen positiv beeinflussen können, dann verstehen Sie plötzlich die Läufer, die Jogger, die Verrückten dieser Welt ...

Der Sauerstoff: neue Perspektiven für müde Gedanken
Durch die leichte Beinarbeit kommt es zu einer weiteren Optimierung in Ihrem Blutspiegel: Ein erhöhter Sauerstoffgehalt, den Sie „in Ihre Adern joggen", senkt den Stresspegel innerhalb weniger Minuten nachweislich. Damit leben die Gedanken auf, mit dem Resultat einer positiven Wirkung auf den Gesamtzustand des Läufers. Der Sauerstoff räumt den Kopf auf, schafft Platz für Ideen und Gedanken, die Lösungen in sich tragen, für Visualisierungen und mentale Strategien. Eingeweihte nennen diese geistigen Höhenflüge „Runners High".

Laufen, Radeln, Aquajogging?
Egal ist es nicht, für welche Ausdauersportart Sie sich entscheiden: Wenn Sie den Organismus in Schwung bringen, pumpt Ihre Beinmuskulatur den Sauerstoff über das Blut ins Gehirn.
Beim Radeln setzen Sie ein Drittel Ihrer Muskulatur ein, beim Schwimmen höchstens die Hälfte. Beim leichten Laufen versorgen 70 %(!) Ihrer Muskulatur den Kopf mit Sauerstoff: klares Votum fürs Joggen.

Das heißt, beim Laufen verbessern Sie ihr mentales Training im Fußball gleich dreifach:
Der **Adrenalinspiegel** sinkt: Dadurch entstehen im Kopf bessere Voraussetzungen für Lösungen, Ideen und Strategien.
Der **Testosteronspiegel** steigt: mehr Weitblick, Leistung, Durchhaltevermögen und Begeisterung für neue Ziele.
Sauerstoff entsorgt trübe Gedanken und macht Platz für optimistische Fußball-Gedanken, Vorstellungen und Visualisierungen.

Wissenschaftliche Studien beweisen die erstaunliche Wirkung eines lockeren Ausdauertrainings: So erforschte das Institut für Psychogerontologie der Universität Erlangen-Tübingen in einer Studie den Zusammenhang zwischen Muskelbewegung und Gehirntraining. Das Ergebnis gibt den Befürwortern regelmäßiger Bewegung Recht: Die Probanden, die ihren Körper trainieren, zeigten deutlich mehr geistige Elastizität. Die wissenschaftliche Erklärung lautet: Bei leichtem Training steigt die Durchblutung einiger Hirnregionen um bis zu 25 % an – das ist ein Viertel mehr! Testpersonen, die sich regelmäßig leicht bewegen, glänzen in Tests durch ein verbessertes Abschneiden bei kniffligen Denksportaufgaben. Außerdem können sie eine Verbesserung ihres Kurzzeitgedächtnisses und Reaktionsvermögens als Folge leichten Körpertrainings für sich verbuchen. Computertomografien beweisen sogar, dass sich das menschliche Gehirn durch leichtes Lauftraining „umorganisiert": Es stellt für Lernen und Denken nach einer Umgewöhnungsphase größere Hirnregionen zur Verfügung.

Auf dem Fußballfeld rennen, jagen und kämpfen Sie. Das heißt, während eines Spiels befindet sich Ihr Puls überwiegend im anaeroben Bereich, die Sauerstoffkonzentration in Ihrem Blut ist also gering. Was auch so sein soll, denn auf dem Platz geht es um Schnelligkeit, Spritzigkeit und kämpferisches Durchhaltevermögen – im Unterschied zum entspannten Laufen. Bewegung im sauerstoffreichen – aeroben – Bereich ist vergleichbar mit dem Einlaufen vor dem Fußballtraining – oder dem „Cooling Down" am Tag nach dem Spiel.

Wenn Sie dreißig Minuten am Stück joggen und dabei auf den richtigen Puls achten, reinigen Sie Ihren Organismus von der Anstrengung, die er beim Rennen und Jagen auf dem Spielfeld verkraften musste. Laufen und Laufen ist also nicht das Gleiche. Nur wenn Sie während der halben Stunde Joggen Ihren Puls niedrig halten, gewährleisten Sie die Erfrischung für Geist und Gedanken.

Als Fußballer bringen Sie die besten Voraussetzungen für diese Art mentalen Trainings mit, denn …

Im Fachmagazin *Fußballtraining* hat Jürgen Wellineck bereits in den 90er Jahren darauf hingewiesen, dass sich innerhalb der vergangenen vierzig Jahre die Gesamtlaufstrecke eines Fußballers von 4000 Metern pro Spiel mindestens verdoppelt habe. Je nach Ligazugehörigkeit werde sogar bis zu 12.000 Metern gelaufen!

Erich Rutemöller, ehemaliger Profifußballer und heutiger DFB-Chefausbilder entspannt regelmäßig durch lockeres Laufen: „Laufen muss Spaß machen. Wir Menschen sind auf Leistung getrimmt, wollen schnell sein und treiben uns an. Das ist auch der Grund, weshalb viele Jogger mit zu hohen Pulswerten laufen. Traben Sie langsam und locker durch den Wald und Sie erfahren größte Erholung …"

Zehn Gründe, warum Sie beim Laufen die mentale Fitness steigern:

Der **Dopaminspiegel** steigt (allerdings erst auf längeren Strecken). Dopamin ist der Stoff, der die spielerischen Qualitäten auf dem Fußballfeld fördert, er verbessert die Reaktion und erhöht die Flexibilität.

Serotonin wird verstärkt ausgeschüttet. Das Hormon sorgt für Weitblick und innere Sicherheit. Der Botenstoff fördert den Kampfgeist und erhöht die Konzentration in Stresssituationen – auch drei Minuten vor dem Abpfiff.

Noradrenalin regt das Gehirn an und liefert jene belebenden Schübe, in denen wir uns plötzlich unschlagbar fühlen: Für diese erhebenden Momente ist das positive Stresshormon zuständig, dessen Konzentration im Blut Sie während des langsamen Laufens anheben.

"Kopf frei" für verbesserten Fußball

„Runners High" – das berühmte und viel umschriebene Hochgefühl der Läufer tritt zugegebener Maßen selten ein. Haben Sie es aber einmal erlebt, dann werden Sie süchtig nach diesem „High" und dem dadurch begünstigten „Flow" der Gedanken.

Mehr Aufgeräumtheit für den Tag: Entspanntes Laufen öffnet die Energiequellen Ihres Körpers und der Stress des Alltags perlt leichter ab.

Sie sind länger fit und haben **weniger Substanzen, die Stress verursachen** im Blut, was bedeutet, dass Sie mehr Spielraum für Gelassenheit und Disziplin haben. Souveränität, Aufmerksamkeit und innere Ruhe sind die Folgen. Auf dem Spielfeld drücken sich diese Eigenschaften in verbesserter Ballkontrolle, schnellerer Chancenverwertung und höherer Konzentration aus.

Die **Immunabwehr** des Organismus verbessert sich. Während Sie joggen, erhöhen Sie die Anzahl Ihrer Abwehrkörper um ein Vielfaches. Gleichzeitig vermindern Sie die Anzahl von „Killerzellen", Viren werden im Keim erstickt. Sie fühlen sich besser, Ihr Körper ist gesünder, Trainings- und Spielausfälle werden damit seltener.

Ermüdungsstoffe werden während des Laufens schneller aus dem Organismus geschleust, was Sie gedankliche und spielerische Engpässe besser überstehen lässt. Die Folge: bessere Spielbeteiligung, schnellere Erholungphasen – optimierter Fußball.

Laufend verbessern Sie natürlich auch Ihre Kondition. Das heißt, wenn Sie mit der inneren Sicherheit spielen, dass Sie auch in der 90. Minute noch über genügend Kräfte verfügen, dann können Sie sich IM SPIEL AUF DAS SPIEL konzentrieren.

Auch **ACTH,** ein Botenstoff, der für Ideen sorgt und Lösungen liefert, wird während des sauerstoffreichen Laufens freigesetzt. ACTH schafft Klarheit, Mut und begünstigt schnelle Entscheidungen. Das gilt für's Spielfeld – und für den Alltag.

5. Laufend ...

Jeden Sonntagvormittag empfängt der Bremer Senator Willi Lemke „... eine Hand voll guter Freunde, um mit ihnen gemeinsam im nahe gelegenen Bürgerpark zu laufen". Lemke schwört auf die kommunikativen Zusammentreffen, die beim Laufen stattfinden, denn „... in dieser einen Stunde werden gute Gespräche geführt, man lacht. Es entwickeln sich Lösungen für überfällige Fragen. Kopf und Gedanken sind frei von jeglichem Stressempfinden."

Der Politiker und ehemalige Werder-Manager hat während seiner 60-Stunden-Woche wenig Zeit für Freizeitaktivitäten. Die Lücke zum Laufen hält er sich jedoch frei. Lemke ist als Senator für Bildung und Wissenschaft in Bremen täglich gefordert: Klare Gedanken, schnelle Entscheidungen und beruflicher Weitblick gehören in seinem Tätigkeitsbereich zu den permanenten Herausforderungen.

Wie der Druck am Schreibtisch während langer Sitzungen und bei Terminhäufungen mit guter Laune zu bewältigen ist? Der Hanseat gleicht Stressmomente mit Flexibilität und innerer Gelassenheit aus, die ihm regelmäßige Bewegung verschafft: „Sich mindestens einmal pro Woche laufend fit halten und damit die Batterien aufladen, diese Formel ist für mich seit vielen Jahren Programm."

Energiebündel Lemke bekennt sogar, süchtig nach seinem Laufpensum zu sein. Als er noch für Werder tätig war, joggte er jeden Tag: „Laufstrecke, Dusche, Kabine und Mittagspause im Weserstadion machten es möglich ..."

Mick Jagger läuft, Boris Becker läuft, Joschka Fischer läuft. Tina Theune-Meyer läuft, Erich Rutemöller läuft und immer mehr Bundesligafußballer laufen auch. Seit einigen Jahren treibt es Spitzensportler, Politiker, Kulturschaffende und Manager in die Laufschuhe. Sie haben die entspannte Bewegung als mentale Trainingsform entdeckt.

Stress ist der Hauptgegner optimistischer Gedanken. Blockiert er die Hirnwindungen, haben Erfolg versprechende Bilder, Vorstellungen und Visionen keine Chance. Gelungene „Elfmeter-Visionen" benötigen entspannte Momente.

Haben Sie Lust bekommen, in die langsame Bewegung einzusteigen? Kümmern Sie sich während des Laufens zunächst einmal nur um einen niedrigen Pulsschlag: Für die optimale Sauerstoffzufuhr sollten Sie, obwohl sie laufen, ganz normal weiteratmen. Wenn es richtig gut läuft, dann begleitet Sie während der gesamten dreißig oder vierzig Laufminuten ein angenehm leichtes Gefühl. Sie laufen langsam, ohne Anstrengung, völlig locker.

Schon nach wenigen Schritten spüren Sie, wie die mentale Erschöpfung abfällt und der innere Druck weicht. Sobald Sie in den langsamen Trab verfallen, beginnen Sie, sich zu erholen. Optimistische Gedanken, gute Gefühle und ein geistiger Frische-Kick folgen.

Stattliche zwei Liter Sauerstoff nimmt Ihr Körper pro Minute auf, während Ihre Beinmuskeln das Blut ins Gehirn pumpen – entspannt auf dem Sofa oder angespannt hinter Schreibtisch oder Lenkrad, bringt es der Organismus gerade mal auf einen „schlappen" Viertelliter.

Der Puls

Für den besten Überblick über die Sauerstoffversorgung in Ihrem Blut sind Sie mit einem Pulscomputer am besten beraten: Sie befestigen den Pulscomputer im Brustbereich, schließen das Messgerät wie eine Uhr ums Handgelenk und laufen los. Achten Sie in den ersten fünf Minuten nur darauf, dass Sie in einem angenehm leichten Tempo joggen. Der Wert, den Sie nach dieser Zeit auf Ihrem Pulsmesser sehen, sollte in den kommenden 25 Minuten nicht überschritten werden. Das ist der ganze Trick, um sicher im aeroben Bereich zu bleiben. Sollte Ihnen der Umgang mit einem Frequenzmesser fremd erscheinen, dann nutzen Sie einfach die alte (und bewährte) Läufer-Formel: Solange Sie sich mühelos mit Ihrem Mitläufer unterhalten können, versorgen Sie Ihr Gehirn mit dem nötigen Sauerstoff – was bei den meisten Läufern bis zu einer Frequenz von etwa 140 Pulsschlägen pro Minute der Fall ist.

Die Laktatmessung

Im Profilager gehört die Laktatmessung zum üblichen Procedere: Um die aerobe Schwelle zu bestimmen, also um die optimale Sauerstoffversorgung für das Fußballausdauertraining herauszufinden, wird die Milchsäure (das Laktat) im Blut des Spielers gemessen. Ist der Wert zu hoch, fehlt es dem Muskel an Sauerstoff, der Organismus des Spielers ist „sauer". Wollen Sie sich den optimalen Laktatwert beim Laufen bestimmen lassen, dann merken Sie sich einfach folgende Werte: Ab 3 mmol/l aufwärts beginnt Ihr Blut, „säuerlich" zu reagieren, was bedeutet, dass Sie zu schnell laufen. Der sauerstoffreiche Bereich liegt im Laktatwert zwischen 2 und 3 mmol/l.

Das Schlimmste am Laufen …
sind eindeutig die fünf Minuten vorher: joggen oder nicht joggen? Sich mit aller inneren Überredungskraft überwinden oder doch lieber im Bett liegen bleiben? Geben sie sich einen Ruck. Ziehen Sie sich um, starten Sie in die frische Luft und freuen Sie sich auf die gewonnene Energie, die Sie über den weiteren Tag begleiten wird. Schon nach den ersten Schritten ist die Unlust verflogen und Sie tanken auf.

Wenn Sie nach einer Viertelstunde locker trabend auf Ihre Füße schauen, spüren Sie die Laufbewegung kaum noch, und in dieser Entspannung bemerken Sie die innere Ruhe. Positive Bilder entstehen, Sie beginnen zu denken, visualisieren mit offenen Augen: Vorstellungen und Ideen, die Sie während dieses entspannten Zustandes vor ihrem inneren Auge sehen, werden vom Unterbewusstsein empfangen. Forscher vermuten, dass das beglückende Hochgefühl des Läufers im limbischen System, also im Gefühlszentrum des Gehirns entsteht.

Runden drehen auf dem Fußballfeld …
ist nicht so schön. Stur an der weißen Linie entlang zu laufen, beflügelt nicht gerade die gedankliche Aktivität. Wenn Sie die Möglichkeit haben, joggen Sie in einem nahe gelegenen Park, suchen Sie sich im Trainingslager einen einsamen Strand, laufen Sie in abwechslungsreicher Umgebung. Denn durch die Vielfalt von Sinnesreizen auf Laufwegen beleben Sie unmittelbar das Denkvermögen.

Ein Veto gegen die Verbissenheit
Verhalten Sie sich einmal ganz anders, als Sie es vom Alltag gewohnt sind. Streuen Sie die angenehme Ausdauerbewegung spielerisch in ihr Leben ein. Joggen wirkt am besten, wenn Sie sich täglich die Zeit dafür nehmen – aber bereiten Sie sich keinen Stress aus dieser Formel. Leichtes Lauftraining sollte Freude bereiten, Ihnen Zugang zu angenehmen Gedanken und Gefühlen eröffnen – in dieser Herangehensweise ist kein Platz für Verbissenheit.

Wenn Sie Freude daran haben, allein durch Wälder und um Seen zu joggen, warum nicht? Manchmal tut es gut, den Kopf im Alleingang klar zu bekommen. Außerdem sind Sie auf dem Fußballfeld ständig in Gesellschaft, wenn Sie spielen oder trainieren. Suchen Sie sich eine angenehme Strecke, laufen Sie los und erfreuen Sie sich am Spiel der Gedanken.

Es macht jedoch auch Spaß, im Team durch die Natur zu laufen. Gestandene Spieler schwören auf die gesellige Form des leichten Laufens. Sprechen Sie mit Ihrem Trainer, um das halbstündige aerobe Joggen in die Trainingseinheiten zu integrieren. Auf diese Weise fördern Sie den Teamgeist und können in jeder Minute unterhaltsam kontrollieren, ob Sie sich noch im optimalen Sauerstoffbereich befinden.

6. „Ladies first ...“

KENNEN SIE DEN „GEIST VON SPIEZ“?
Sepp Herbergers flotte Idee, im dreiwöchigen Trainingslager am Thuner See den Mannschaftsgeist seiner Nationalelf durch gesellige Tage (und Abende) in entspannter Atmosphäre zu fördern, dieser Gedanke hätte der Einfall einer Frau sein können ...

... denn Frauen ...
haben durch ihren genetischen Code, über ihre im Laufe von Jahrtausenden geformten Verhaltensmuster einfach einen anderen „Antritt“ als Männer, wenn es darum geht, Verbindungen zu knüpfen, Teamgeist und Gemeinschaftssinn zu pflegen. Der Ursprung dieser „Kontaktfreudigkeit“ liegt in der Steinzeit, als die Frauen durch umsichtiges und vorsorgliches Verhalten das Überleben des Nachwuchses sichern mussten. (Während die Männer allein oder in der Gruppe durch die Steppe eilten, um Beute für die Sippe zu machen): Spuren der Vergangenheit, die sich noch heute in unseren Hirnwindungen niederschlagen.

Unterschiede im Denken der Geschlechter
Es gibt umfangreiche Studienergebnisse, die beweisen, dass sich die Gehirnstruktur von Frauen und Männern in einigen Punkten unterscheidet: Dabei handelt es sich um wissenschaftlich belegte Abweichungen, die Sie kennen sollten, um sie für Ihr Spielverhalten nutzbar zu machen. Denn – ob Fußballerin oder Fußballer – in diesen Unterschieden stecken Chancen für Visualisierungen und gewinnende Vorstellungen.

Die „Denke“ der Fußballerin ist also anders strukturiert als die des Fußballers. Nicht wesentlich, aber doch genügend, um sich auf Gefühle und Handeln auszuwirken. Ein kleiner Streifzug durch die Geschlechterkunde, ein Blick in die Geschichte und die Vorstellung, wie Ihr Tagesablauf in grauer Vorzeit ausgesehen hätte, machen Ihnen die historischen Wurzeln heutiger Verhaltensmuster deutlich ...

DIE FRAU war in der Steinzeit täglich damit beschäftigt, die Familienhöhle in Ordnung, gesäubert und aufgeräumt zu halten, während DER MANN mit seinen Gefährten oft Tage damit zubrachte, wilde Tiere zu verfolgen, um sie zu erlegen und heimzuschaffen.

SIE zog also den Nachwuchs auf, sammelte Beeren und Kräuter und hielt die Stellung, indem sie lebenswichtige Kleinigkeiten in der familiären Gemeinschaft beobachtete, diese organisierte und gegen Feinde verteidigte.

ER zog mit Blick auf das Ziel „großes Beutetier“ hinaus in die Ungewissheit und kehrte heim, wenn er seine Aufgabe erledigt hatte.

Tunnelblick, Tore und Punkte
Frauen benötigten in der Steinzeit ein weites, breitflächiges Sehfeld, weil sie die Regungen und Bewegungen der Kinder (oder feindlicher Angreifer) sehen und bemerken mussten, um darauf mit umfangreicher Fürsorge und Vorsorge zu reagieren. Die Augen des Mannes dagegen funktionierten eher nach dem Prinzip des „Tunnelblicks“: ein fernglasähnliches Sehen, das bei den Streifzügen die Beute in der Ferne auszumachen half. Ergebnis: zielgerichtetes Jagen mit scharfem Blick.

Wahrnehmung der Geschlechter:
„Sichtfenster“ von Fußballerin und Fußballer.
Überreste dieser unterschiedlichen Betätigungsfelder von Steinzeitfrau und -mann tragen Sie noch heute in Ihren Augäpfeln: Untersuchungen haben ergeben, dass das Blickfeld einer Frau einen weiteren Winkel (nach beiden Seiten des Kopfes, aber auch nach oben und unten) umfasst, als das des eines Mannes. Während die Frau in ihrem großen Sichtfenster vermehrt Kleinigkeiten, Randbewegungen und Details wahrnimmt, gibt der Blick des Mannes ein fokussiertes Sichtfeld frei, das zwar vergleichsweise schmaler ist, dafür aber mit größerer Schärfe ein Ziel fixieren kann.

Die Bedeutung dieser Erkenntnisse für Fußballspiel und mentales Training ist folgende: Als Fußballerin dient Ihnen das großflächige Sehen, um Ballbewegungen der Mitspielerinnen oder Gegner umfangreich wahrzunehmen, um darauf taktisch zu reagieren – auch, wenn Ihr Blick das Tor anpeilt.
Als Fußballer können Sie sich auf einen zielgerichteten Tunnelblick verlassen – naturgemäß. Ihre Augen verhalten sich wie ein Fernglas. Auf das Spielfeld übertragen bedeutet das: Torchance eindeutig im Fokus.

Aus der Erkenntnis dieser wissenschaftlichen Studien ziehen Sie zunächst einmal das Wissen, wie es um Ihren eigenen „Blick“ bestellt ist. Außerdem können Sie natürlich auch für sich die Vorteile des anderen Geschlechts nutzen, indem sie ihre Augen auf den jeweils anderen Blickwinkel trainieren.

Das ist neu:
Trainieren Sie ALS FUßBALLERIN das Fixieren eines Zieles, den Tunnelblick. Suchen Sie sich bei jeder Gelegenheit ein Ziel in der Ferne und „brennen" Sie den Blick auf diesen Punkt. Bewusstes Ausblenden der Randerscheinungen unterstützt den zu übenden Effekt. ALS FUßBALLER üben Sie einfach die Wahrnehmung kleinerer Regungen am Rande Ihres Blickfeldes. Versuchen Sie, bewusst auf Nebenbewegungen zu achten, indem Sie auf dem Spielfeld, im Training oder im Alltag den Fokus des Blickes ausdehnen, um Randerscheinungen vermehrt aufzunehmen.

ES FUNKTIONIERT. Durch neue Verbindungen, die durch regelmäßiges Üben im Gehirn geschaffen werden, verbessern Sie Ihre Chancen auf dem Platz: Ähnlich einem Muskel, der durch Aufbautraining stärker wird, trainieren Sie als Spielerin das Fokussieren eines Punktes, das sich im Torerfolg bündelt.
Als Spieler üben Sie die Wahrnehmung von Randerscheinungen, Bewegungen rechts und links, scheinbar unwesentlichen Regungen am äußeren Rahmen Ihres Blickfeldes, die sich auf dem Platz zur entscheidenden Torchance entwickeln können.

Die speziellen Organisationsaufgaben unserer weiblichen Vorfahren, die stärkeren „Leitungen und Verknüpfungen“ zwischen ihrer rechten und linken Gehirnhälfte und das weibliche Hormon Östrogen (das die Nervenzellen anregt, mehr Verbindungsmomente untereinander herzustellen), können uns Antworten auf die Frage geben, warum Fußballerinnen überzeugender mit Gemeinschaften, Teamfähigkeit und Kontakten untereinander umzugehen wissen.

Zum Beispiel haben sie einen **Neuzugang im Team** nach nur wenigen Trainingseinheiten in die Mannschaft eingebunden. Frauen erkundigen sich nach Einzelheiten aus Leben und Alltag der Mitspielerin – Job, Familie, Kinder –, während männliche Kollegen nur daran interessiert sind, ob der „Neue“ ein guter oder mäßiger Fußballspieler ist. Das ist der Tunnelblick: Fußballstärken gezielt erkennen, weniger die „Nebenschauplätze“ im Blick.

DAS DEUTSCHE FRAUEN-NATIONALTEAM: „Powered by emotions ...“

Tina Theune-Meyer, Trainerin der deutschen Frauenfußball-Nationalmannschaft und damit auch Gewinnerin der Weltmeisterschaft 2003: Mitte der 80er Jahre ist sie in Deutschland die erste Frau mit einer FB-Trainerlizenz. Heute schaut und baut Tina Theune-Meyer auf fünf gewonnene Europameisterschaften, einen Vizeweltmeistertiel und die Goldmedaille der Olympischen Spiele 2000 in Sydney. Gemeinsam mit **Co-Trainerin Silvia Neid** (die neben dem Sieg im WM-Finale gegen Schweden sieben deutsche Meisterschaften und mehrfache Europa- und Vizeweltmeisterschaften errungen hat) gibt sie EINBLICKE IN DEN DEUTSCHEN FRAUENFUSSBALL:

Frauen- und Männerfußball. Sehen Sie Unterschiede?
Tina Theune-Meyer: *„Auf dem Fußballfeld gibt es wenig Unterschiede. Wir spielen nach den gleichen Regeln und haben den gleichen Spaß. Natürlich haben die Frauen in den Anfängen weniger Erfahrung auf dem Platz gezeigt, doch inzwischen haben wir bis zu 10.000 Fans bei großen Spielen auf den Rängen sitzen. Die ständig steigenden Zuschauerzahlen der Fernsehübertragungen beweisen es: Wir holen gerade mit großen Schritten auf.“*

Silvia Neid: *„Mir fällt zu den Unterschieden eine kleine Geschichte ein: Als mich Berti Vogts 1996 anrief, um mir den Posten als DFB-Trainerin anzubieten, reagierte ich frauentypisch. Erster Gedanke: Kann ich die Position ausfüllen ... Zweifel!? Zweiter Moment: Freude! In dieser Hinsicht haben Männer meiner Erfahrung nach ein grundsätzlich größeres Selbstvertrauen, ein Rudi Völler hätte sicher anders reagiert!"*

Die mentale Stärke der Frauen?
Silvia Neid: *„Wenn die aufgrund ihrer besonderen Leistungen ausgewählten Spielerinnen in die Lehrgänge des DFB kommen, dann sind sie lernbegierig, hoch konzentriert und dankbar für jeden Tipp. Sobald sich die Mädels für eine Karriere im Fußball entscheiden, händeln sie Familie, Haushalt und Beruf nebenbei. So selbstverständlich eine Frau heute Fußball spielt, so selbstverständlich wird sie davon nicht reich – was enorme Motivation und Engagement für den reinen Spielgedanken voraussetzt."*

Wie entspannen die Spielerinnen nach dem Fußball-Stress?
Tina Theune-Meyer: *„Nach Training oder Spiel? Unsere Physiotherapeutinnen kühlen die Spielerinnen langsam mit der Cooling-down-Methode herunter. Auslaufen, niederlegen, ausstrecken und die Augen schließen – so beginnt langsam die Entspannung."*

Silvia Neid: *„Bei der Weltmeisterschaft 1995 haben wir erstmalig ‚high-stress' erlebt... Flüge durch die USA, Hitze, Jetlag und Presseturbulenzen. Ungewöhnlich hohe Anspannungen für den Gesamtorganismus, auf die wir uns mit Entspannungen durch Bilder einstellten: Vorstellen beruhigender Momente, Visualisierungen, inneres Kino. Diese Methode funktionierte phänomenal gut, sodass wir gemeinsam mit unserer Psychologin Dr. Birgit Jackschat innere Bilder und Vorstellungen für ganz konkrete Spielszenen entwickelten."*

Zeigte das Nationalteam Phantasie?
Silvia Neid: *„Unglaublich. Diese Mannschaft kann spitzenmäßig in Bildern denken: Die Stürmerin visualisiert, dass sie heute das entscheidende Tor schießt, die Abwehr geht im Vorfeld des Spiels gedanklich durch, den Ball auf der Torlinie zu retten, dann selbstsicher durch das Mittelfeld zu kombinieren, um direkt einen tödlichen Pass in die Spitze zu spielen, wo der Sturm natürlich das entscheidende Tor macht und so fort..."*

Tina Theune-Meyer: *„Oder so: Ich schieße im nächsten Spiel gleich zu Anfang fünf entscheidende Flanken und gewinne jeden Zweikampf. Voraussetzung für das innere Kino ist allerdings die Entspannung, in einem gestressten Kopf läuft der Film einfach nicht an."*

Ihre persönlichen Entspannungstipps?
Tina Theune-Meyer: *„Ich beruhige mich durch Musik oder jogge durch den Wald. Die richtige innere Einstellung ist aber auch sehr wichtig. Wir gehen grundsätzlich positiv gestimmt in zukünftige Spielsituationen, so entsteht ein beharrlicher Optimismus, der Stress entschärfen hilft."*

Hier schließt sich der Kreis zu den unterschiedlichen Sehweisen von Mann und Frau - Fußballerin und Fußballer. Vorstellungen und Bilder entstehen vor Ihrem inneren Auge, wie Tina Theune-Meyer es beschreibt, im inneren Kino:

Damit das Unterbewusstsein Visualisierungen in zukünftigen Spielmomenten umsetzen kann, bedarf es DEUTLICHER BILDER. Zum besseren Verständnis: Das Unterbewusste ist ohne Zweifel Ihr stärkster innerer Abtrieb. Es arbeitet FÜR SIE, beeinflusst zukünftige Niederlagen oder Erfolge – und es arbeitet GENAU WIE SIE: Es glaubt, was es sieht.

Wir glauben, was wir sehen
Das ist der Grund, weshalb ein Fernsehfilm Sie zu Tränen rühren kann oder die Geisterbahn den Angstschweiß auf die Stirn treibt. Obwohl Sie wissen, dass es nur ein Film oder ein Trick ist. Für einige Minuten haben Sie es vergessen und geglaubt, was Sie sahen. Und haben daher geweint, sich gefürchtet oder gelacht.

Sie „sehen“ Torchancen oder Siegertreppchen?
Also zeigen Sie Ihrem Unterbewusstsein Vorstellungen davon, die Bilder Ihrer Ziele. Das Unbewusste nimmt sie auf und arbeitet an der Umsetzung.

Transport der Visualisierungen in das Unterbewusstsein
Damit es präzise für Sie arbeitet, braucht das Unterbewusstsein GENAUE BILDER. Scharfe Szenen, Vorstellungen vom Führungstreffer, unvergesslich gute Spielsituationen. Denn unscharfe Bilder bringen unscharfe Ergebnisse.
So arbeiten die erfolgreichen Spieler. Bei der Vorstellung des Pokals haben sie sämtliche Details im „inneren Blick“: Gravuren, die polierte Oberfläche, sogar der schwere Fuß der Trophäe existiert in der Vorstellung. Je genauer ein Bild erkennbar ist, desto zuverlässiger arbeitet das Unterbewusstsein an der Umsetzung für den Sieg.

Sie bringen ein optimales Bild auf die innere Leinwand, indem Sie **Verbindungen mit Weitblick und Fokus** gestalten: Fußballer visualisieren mit Tunnelblick das Tor, den Sieg. Fußballerinnen sehen auch Kleinigkeiten und Details am Rande. Das Unterbewusstsein nutzt beides. Es arbeitet am besten mit Vorstellungen, die ein klares Ziel zeigen (den Torschuss) und außerdem scheinbare Nebensächlichkeiten (z. B. die saubere Ballannahme, den Weg zum Tor).

Optimal visualisieren
Damit Ihr Unterbewusstes ideal für Sie arbeitet, visualisieren Sie also Standbilder oder längere Handlungsabläufe, die Fokus und Randerscheinungen beinhalten. Das sind ganzheitliche Vorstellungen, für die Sie die (Seh-)Erfahrungen des anderen Geschlechts trainieren müssen: optimale Visualisierungen durch DETAILGETREUE ZIELVORSTELLUNG.

Als Fußballerin fokussieren Sie auch die großen Ziele, visieren an, was Sie erreichen möchten, begeistern sich für diese Vorhaben und schaffen sich exakte Vorstellungen davon.

Als Fußballer kümmern Sie sich auch um die Nebenschauplätze ihrer inneren Bilder, indem Sie Visualisierungen künftiger Tore und Siege mit Details ausstatten – sie gehören wesentlich zum Endergebnis. Und so könnte die Visualisierung am Ende aussehen:

In einem Tempodribbling überqueren Sie das Feld mit klarem Blick auf das Tor, lassen die gegnerischen Verteidiger wie Slalomstangen stehen, nehmen trotzdem rechts und links die Mitspieler für ein eventuelles Abspiel wahr – und versenken am Ende den Ball am Torwart vorbei in der rechten unteren Ecke ...

Doris Fitschen, die große Dame des deutschen Frauenfußballs, über mentale Fitness und optimierte Spielzüge.

„... SO KOMMT FREUDE INS SPIEL."

Was bedeutet mentale Fitness für Sie?
Doris Fitschen: *„Ich habe gelernt, mich auf den Punkt zu konzentrieren, störende Einflüsse auf dem Fußballfeld einfach auszublenden und mich jederzeit bewusst zu entspannen."*

Arbeiten Sie mit inneren Bildern und Visualisierungen?
Doris Fitschen: *„Visualisierungen gehören für mich zu jedem großen Spiel. Wenn ich mir vorher typische Spielszenen vornehme, indem ich ihren idealen Ablauf gedanklich in inneren Bildern durchspiele und mich dabei völlig entspanne, dann bin ich auf dem Rasen besser und konzentrierter – und freue mich ungleich mehr auf das Spiel."*

Erfolgreich visualisieren, indem Sie Optimismus in die Vorstellungen transportieren, sich auf Torszenen und auf den Torjubel freuen. Damit die Methode der „inneren Bilder" funktioniert, sollten Sie sich in Entspannung üben, denn **stressige Momente blockieren positive Gefühle und erfolgreiche Gedanken.**

7. Stress geht ...

Der innere Feind im Kampf um die Tore
Innerer Druck blockiert Energien und verhindert gute Entscheidungen auf dem Fußballfeld, bremst optimistische Gefühle und verdrängt aufhellende Visionen. Sobald Sie also Platz schaffen und den Stress aus Ihrem Organismus räumen, üben Sie sich per se in Entspannung.

EIN KAPITEL FÜR SICH

Was innerer STRESS IM FUSSBALL bedeutet, das wissen wir spätestens seit **Giovanni Trapattoni:** Sein „Schwach, wie eine Flasche leer" und „Was erlaube Struuunz?" machten ihn auf einen Schlag zum beliebtesten Trainer zwischen Flensburg und Sizilien. Während Trapattoni in der legendären Pressekonferenz über die Spieler des FC Bayern München klagte, freute sich eine ganze Fußballnation. Die deutliche Ansage endete entschieden und höflich: „Sie verstehe diese Wörter? Ich habe fertig ... Danke."

Was **Ottmar Hitzfeld über „Trapp"** gesagt hat:
„Es war phantastisch. Mit welcher Überzeugungskraft er das machte. Wie ehrlich er in diesem Augenblick war, auch in seiner Verzweiflung und Enttäuschung. In dem Moment habe ich ihn geliebt."

„Trapps" Explosion nach dem Adrenalinschub ...
war eine wunderbare Art, akuten Stress loszuwerden. Ein Ausbruch aus der inneren Befangenheit, der sich weder um Sprache kümmert (Giovanni Trapattoni spricht im Normalfall sehr passabel Deutsch, nur im Extremfall kreiert er neue Worte), noch um die Reaktionen der Presse. Das Gute an diesem öffentlichen Adrenalinschub? Trapattoni brachte Authentizität und Freude in das ernste Unternehmen Fußball. Die Rede war bewegend, weil er die allgemeine Stimmung endlich auf den Punkt brachte.
„Graaazie Trapp" – die Fans dankten ihm auf Transparenten.

Spannungen blockieren gute Spielzüge
Lauter glückliche Umstände, die in diesem speziellen Fall zusammenwirkten, machten aus der wütenden Ansprache Trapattonis eine wunderbare Erinnerung für die gesamte Fußballwelt. Normal ist allerdings, dass Stressmomente im Fußball Erfolge verhindern, gute Spielzüge im Keim ersticken und Tore vereiteln. Gute Gedanken, Gefühle und Strategien werden durch zu heftige Ausschüttung von Adrenalin, Noradrenalin und Cortisol blockiert. Die stimulierende Wirkung der Hormone schlägt ins Gegenteil um: Kampfgeist und Konzentration geraten ins Stocken. Der Spieler reagiert nicht mehr spontan auf günstige Situationen.

Einsatz verpasst
Im Fall „van Bommel" verhinderte akuter Stress sogar den Einsatz: Mark van Bommel, holländischer Nationalspieler, regte sich am Spielfeldrand (während er auf seine Einwechslung wartete), so sehr über einen Elfmeter auf, dass er wegen Beschimpfung des Linienrichters vom Schiedsrichter eine Rote Karte kassierte – noch bevor er das Spielfeld überhaupt betreten hatte.

Fußball ...
„ist ein Wettspiel mit einem Ball zwischen zwei Mannschaften von je elf Spielern, die – mit Ausnahme des Torhüters – den Ball nicht mit den Händen oder Armen berühren dürfen. Jede Mannschaft ist bestrebt, den Ball mit dem Fuß oder mit dem Kopf ins gegnerische Tor zu bringen. Gewonnen hat die Elf, die in zweimal 45 Minuten mehr Tore erzielt. Ein Schiedsrichter und zwei Linienrichter leiten das Spiel, ahnden Regelwidrigkeiten und entscheiden, ob ein Tor gefallen ist." So erklärt das Lexikon.

Fußball ist ...
ein Haufen von Ängsten, „die ein Fußballspieler nicht zugibt. Angst vor der Niederlage, vor dem Mißerfolg – die Angst vor dem Ball, der einem nie richtig gehorcht. Daraus resultiert die Angst, ihn nicht richtig anzunehmen, schlecht zu stoppen, falsch zu treffen, ihn prompt wieder zu verlieren. Angst vor dem Gegner, der überall ist, auch hinten und im toten Winkel. Die Angst, nicht zu genügen, nicht dazuzugehören, nicht mehr aufgestellt zu werden. Vor allem bleibt die ständige Angst vor Schmerzen, vor Verletzungen, vor dem Karriereende ...", beschreibt Christian Eichler im Lexikon der Fußballmythen die Wirklichkeit in der Spielerseele.

Fußball ist ein Haufen Stress

Angst ist negativer Stress: Wenn Sie befürchten, einen Elfmeter zu „vergeigen", dann macht sich diese Angst durch heftige Stressreaktionen im Körper bemerkbar und in Ihren Gedanken. Denn die Angst bringt eigene Vorstellungen und Bilder auf den inneren Bildschirm: furchtsame und zweifelnde. Wie die Gedanken eines Champions starke Filme in seinem Inneren abspulen, so hadert der Zweifler mit Bildern, die an drohende Verletzungen, Misserfolge oder Fehlpässe erinnern oder mahnen. Vorstellungen, die vom Unterbewusstsein natürlich ebenso ernst genommen werden, wie die positiven, optimistischen: Es setzt sie um – und der Spieler verschießt den Elfmeter …

Psychologen nennen das Phänomen „Self-fulfilling Prophecy":
Eine sich selbst erfüllende Prophezeihung, die den Einfluss gedanklicher Prozesse auf zukünftige Situationen vorwegnimmt: Weil das Unterbewusste die Vorstellungen und inneren Bilder als wahr akzeptiert, verändert es das Spielverhalten so, dass sich die Prophezeihung mit großer Wahrscheinlichkeit auch wirklich erfüllt.

WER AN SEINEN ERFOLG GLAUBT, SPIELT EINFACH BESSEREN FUSSBALL. Das bedeutet gleichzeitig, dass Angst und negativer Stress die innere Stärke (zer-) stören, weil sie den Fluss der leistungsstarken Gedanken stoppen und stattdessen ängstliche und verunsichernde Vorstellungen „einstreuen". Die dadurch entstehende innere Anspannung verhindert entschlossene Spiele.

Damit Sie Stressmomente besser verstehen, sollten Sie wissen, dass es zwei Arten von Stress auf dem Spielfeld gibt. In den vorangegangenen Beispielen war die Rede von der negativen Form der Anspannung: Mediziner nennen ihn DISSTRESS, der sich im Organismus des Fußballspielers durch die Ausschüttung negativ wirkender Hormone niederschlägt, deren Menge das gesunde Maß überschreitet. Ärger über ungerechte Entscheidungen des Schiedsrichters, Druck durch hohe Erwartungen des Trainers, der Mannschaft oder der Fans, Zeitdruck, große Anforderungen der Presse oder des Werbepartners – unzählige Stress auslösende Faktoren greifen ständig nach der inneren Ruhe eines Fußballspielers. Diese negativen Stressverursacher machen sich zunächst durch Pulsrasen, erhöhten Blutdruck, Anspannung und psychischen Druck bemerkbar. Auf längere Sicht stören sie Koordination, Selbstsicherheit, Ballgefühl und Timing. Geschwächte Konzentration, Erschöpfung und lähmende Müdigkeit bremsen die mentale Fitness und blockieren das draufgängerische „Spiel der Gedanken".

Tief sitzende Stressgefühle oder Ängste sollten mit Hilfe eines Mentaltrainers unter die Lupe genommen werden. Denn es gibt Blockaden, die sich so hartnäckig in den Gedanken festklammern, dass sie sich ständig automatisch vor die optimistischen Gefühle schieben. Sie mit einem Mentalcoach aufzulösen, kann zu positiven Effekten führen, denn in der Wurzel dieser Stressfaktoren sitzt meistens die Chance für neue Ideen und Visonen.

Eustress – der positive Gegenspieler von Disstress
Disstress verhindert also die optimistischen Gedanken. Sein Gegenpart ist der EUSTRESS: Auch er entsteht durch Adreanlinausschüttung, allerdings in angenehm förderlichem Maße, die Ihnen die nötige Spritzigkeit und Aktionsbereitschaft fürs Spiel schenkt. Diese positive Hormonausschüttung versetzt Sie in die Lage, zwischen An- und Abpfiff Höchstleistungen zu vollbringen.
Sepp Herberger erzeugte diese Kampfbereitschaft, indem er seine Männer vor dem Spiel mit den Händen einen Kreis bilden und „Kampf bis zum Umfallen" schwören ließ. Der Kreis der Kämpfer? Ein Ritual, das die Gedanken eines jeden Spielers auf Sieg einstimmt, und sehr wirkungsvoll ist, da mentale Kräfte, die sich von einem Spieler auf den nächsten übertragen, einen unglaublichen Schwung erzeugen. So motiviert, entstehen anregende Hormonschübe, die Kopf und Körper in die nötige „Alarmbereitschaft" versetzen: Eustressgefühle, die sich positiv im Spiel bemerkbar machen.

Die drei klassischen Stressmomente im Fußball:

I. Auf dem Feld
Für wirklich guten Fußball sollten Sie die Grenze im Auge behalten und nicht vom Eustress in den blockierenden Disstress abgleiten. Sie spüren sofort, wenn der angenehme Zustand umschlägt und in den negativen Stressbereich abrutscht. Sobald freudig-spannende Spielzüge in überstresst-fahrige Reaktionen überwechseln, haben Sie die Disstressgrenze überschritten und es wird Zeit für Gegenmaßnahmen.

II. Nach dem Spiel
Zwei Halbzeiten à 45 Minuten, die an Nerven, Muskeln und mentaler Fitness nagen. Nach dem Spiel (selbst, wenn Sie es anregend erlebt haben), sind Kopf und Körper erschöpft und schleppen aufgestaute Stressmomente und Adrenalinstöße in die Kabine. Der Kampf ist vorbei und die Batterien des Spielers sind leer. Kopf und Körper brauchen neue Energien, und Sie sollten sie aufladen.

III. Vor dem Spiel
Extrem gefordert jagt der Profifußballer von Termin zu Termin. Doppel- und manchmal sogar Dreifachbelastungen aus Bundesliga, Pokalspielen und Nationalmannschaft sind für den Spieler rein konditionell eine halsbrecherische Leistung, die von der mentalen Herausforderung kaum zu übertreffen ist: tägliches Training, Verletzungen auskurieren, Präsenz in Partnerschaft oder Familie, Teamkonflikte, Präsidium und Presse. Bei Misserfolg drohen soziale Sanktionen, das Verpassen der Meisterschaft, eine Streichung der Prämien oder der Abschied vom Stammplatz. Über den (fast) üblichen Rhythmus Samstag-Mittwoch-Sonntag regt sich schon niemand mehr auf. Stress im Profilager – und die Belastungsgrenze ist erreicht.

„Knien Sie nieder, Sie Bratwurst!"
Mit dieser Aufforderung erschreckte ein Bundesligatrainer einen fragenden Journalisten nach dem Spiel. Verbale Wirrnisse wie diese: „Wir dürfen jetzt nicht den Sand in den Kopf stecken", „Ich hab gleich gemerkt, da ist ein Druckschmerz, wenn man draufdrückt" (Lothar Matthäus), oder „Das Tor gehört zu 70 % mir und zu 40 % Wilmots" (Ingo Anderbrügge), sind Zeichen äußerster Angespanntheit nach Spielende.
Fritz Walter junior setzte seiner Aussage: „Der Jürgen Klinsmann und ich, wir sind ein gutes Trio ...", wenige Minuten später noch eins drauf: „... ich meine natürlich Quartett!"

STRESSGEFÜHLE, DIE PUNKTE VERHINDERN

Damit die angespannte Gefühlslage künftige Erfolge nicht verhindert, benötigen Sie eine Strategie gegen die klassischen „Spielverderber":

- überschüssiger Stress **WÄHREND DES SPIELS**

- neunzig stressige Minuten, ermüdende Verarbeitung **NACH DEM SPIEL**

- Alltagstress, der sich (nicht nur im Profilager) **JEDERZEIT** in den Spielbetrieb einmischt

Üben Sie sich in einfachster Entspannung:

DER FREISTOSS
Die Soforthilfe gegen Disstress
Eine kleine Sofortmaßnahme, die Sie gezielt einsetzen können, sobald der Stress in Ihrem Organismus „über die Stränge schlägt". Eine Sekundenhilfe gegen Spannungen, die sich negativ auf die Gedanken legen. Sie reguliert Stressattacken im Spiel, am Spielfeldrand – oder auf der Tribüne.
Der FREISTOSS befördert Gedanken und Organismus augenblicklich zurück in den belebenden Eustress:

Den Stress einfach ausatmen
Stellen Sie sich vor, wie die überschüssigen Stresshormone mit einem langen und nachhaltigen Atemzug aus beiden Lungenflügeln befördert werden. Atmen Sie den Stress einfach aus. Automatisch tanken Sie mit dem nächsten Atemzug literweise neue Energie. Das wirkt beruhigend auf den Puls und entspannend für die Gedanken.

Die wissenschaftliche Erklärung für diesen Trick heißt SAUERSTOFF. Durch die langen, tiefen Atemzüge haben sich Ihre Lungenflügel mit Sauerstoff vollgepumpt und den Calciumgehalt im Blut spürbar angehoben – der Druck ist weg. Wichtig ist allerdings, dass Sie bewusst tief ausatmen, um den Sauerstoff anschließend einatmen zu können … zuerst müssen Sie den Stress nachhaltig und entschlossen hinausstoßen, um die Entspannung mit der Atemluft aufzunehmen.
Wann immer Sie das Gefühl haben, Sie können eine kurze Entspannung gebrauchen, atmen Sie tief aus. Setzen Sie sich entspannt auf einen Stuhl, schließen Sie die Augen und konzentrieren Sie sich auf Ihren Atem … tief ausatmen. Sie werden überrascht sein, wie schnell sich der Stress legt. Üben Sie vor dem Fernseher, wenn Sie abends erschöpft von der Arbeit heimkommen, in der Mittagspause – wann immer Sie Lust darauf haben. Tragen Sie die Spitzen Ihres Stresspegels so häufig wie möglich ab, das Unterbewusste speichert den positiven Vorgang: Sie atmen künftig in Stressmomenten automatisch tief aus. So haben Sie beim nächsten Elfmeter den Kopf frei und können sich auf Ihr Gefühl verlassen.

Am Besten sorgen Sie vor, wenn Sie generell tief ausatmen, um künftige „Abrutscher" des Calciumspiegels im Vorfeld zu verhindern.

Im Fall „van Bommel" hätte ein FREISTOSS nach ein bis zwei Minuten vermutlich die Wogen geglättet und der Niederländer wäre zu seinem Einsatz gekommen!? Nutzen Sie die Sofortmaßnahme, wenn im Spiel die Zeit wegläuft oder während Sie sich über die Schiedsrichterentscheidung, einen Mitspieler oder den Gegner aufregen. Nutzen Sie die Gelegenheit zur Entspannung vor dem entscheidenden Elfmeter oder beim Pokalspiel in der Pause vor der Verlängerung – einfach in allen akuten Stressmomenten. Sobald die Gefühle überschäumen und die Gedanken durch zuviel Adrenalin gestört sind, mehrmals tief und kräftig ausatmen.

Die JACOBSON-ENTSPANNUNG bringt den Gesamtorganismus nach einem erschöpfenden Spiel schnell wieder „auf Touren und auf neue Gedanken". Diese Relax-Methode löst festsitzende Stressmomente und Verkrampfungen aus Muskeln und Hirnwindungen:

„Nach dem Spiel ist vor dem Spiel"

Die JACOBSON-ENTSPANNUNG (auch Muskelrelaxation genannt) arbeitet sich durch Verhärtungen und Verkrampfungen Ihres Körpers, indem Sie nacheinander die Muskeln anspannen, für einen Moment fest gespannt halten und abrupt loslassen. Automatisch öffnen sich durch diese plötzliche Lockerung die Blutgefäße. Die Muskelpartien werden wieder kräftig durchblutet, wohlige Gefühle breiten sich aus und bringen Erholung auf die Schnelle.

Edmund Jacobson ist ein schwedischer Arzt, der Anfang des vergangenen Jahrhunderts in die USA emigrierte, um dort seine Methode der „progressive relaxation" zu lehren. Seine Idee beruht auf der Erkenntnis, dass aus körperlicher Entspannung seelische Gelassenheit, innere Ruhe und gute Impulse entstehen. Die Übungen nach Jacobson werden Sie schnell lernen und durch regelmäßiges Wiederholen fest in Ihren Trainingsalltag installieren.

Jacobsons Idee ist sehr einfach ...
Erholung schafft Platz für optimistische Gedanken – Relaxing fördert die mentale Fitness.

Sie brauchen etwas Platz, ein paar Minuten für jeden Muskel und das Prinzip der optimalen Entspannung:

Bequem auf dem Rücken liegend, atmen Sie tief in den Bauch hinein und „denken" sich in den jeweiligen Muskel. Sie spannen ihn an, so stark Sie können. Diese Spannung halten Sie etwa vier Sekunden lang und lösen sie abrupt auf. Im ruckartigen Loslassen der Anspannung liegt der gesamte Effekt dieser Übung: Sie spüren, wie neue Energie den Muskel durchflutet. Etwa zwei Minuten lang sollten Sie diesem Körpergefühl nachspüren, bevor Sie sich der nächsten Muskelpartie zuwenden.

JACOBSON-ENTSPANNUNG
Von den Zehen hinauf zu den Gedanken:

Füße: Drücken Sie die Zehen in Richtung Fersen, als würden Sie Fäuste mit den Füßen ballen. Spannung kurz halten, ruckartig lösen und die Entspannung in den Füßen genießen.

Unterschenkel: Füße und Gesäß liegen locker auf der Unterlage. Heben Sie die Ferse an und halten Sie die Spannung in der Wade. Nach vier Sekunden die Muskeln lockern und einige Minuten in die wohlige Durchblutung hineinfühlen.

Oberschenkel: Sie liegen bequem auf dem Rücken und atmen ruhig und tief: Knie durchdrücken, die beiden oberen Muskelpartien fest anspannen, halten und nach vier Sekunden abrupt loslassen. Entspannung ausgiebig genießen und mit der unteren Partie fortfahren: Drücken Sie die Waden mit durchgedrückten Knien gegen den Boden und spannen Sie die Unterseite mit ganzer Kraft an. Halten, lösen, genießend nachspüren.

Gesäß: Drücken Sie das Gesäß fest zusammen (und Sie spüren gerade den größten Muskel Ihres Körpers), lockern, Entspannung fühlen.

Rücken und Schultern: Die Wirbelsäule mit aller Kraft gegen den Boden drücken, wobei Sie die Füße aufstellen können und auch die Schultern dürfen sich vom Boden heben. Spannung halten, lösen, nachspüren. Genau anders herum entspannen Sie durch das Hohlkreuz: Heben Sie die Mitte des Rückens mit ganzer Energie so weit wie möglich von der Unterlage. Vier Sekunden halten ...loslassen, genießen. Danach die Schulterblätter im Rücken zusammendrücken. Nach dem Lösen zwei Minuten entspannt nachfühlen.

Wenn Sie sich nach einigen Tagen oder Wochen mit Ihren Muskelpartien vertraut gemacht haben, können Sie sie auch gruppenweise entspannen: Vom Gesäß hinunter bis zu den Zehen – die gesamte obere Partie oder den ganzen Körper.

Der ALPHA-KICK ist eine Entspannungsform mit überraschender Wirkung. Nach nur wenigen Minuten tauchen Sie in eine Art Kurzschlaf ein, der den verkrampften inneren Zustand entspannt und Sie erholt und erhellt. **Manager nennen diese Methode „Power napping"** – eine Art Turbo-Meditation, die sie anwenden, wenn sie zwischen zwei Sitzungen den Kopf frei bekommen müssen und eine dringende Erholungsphase brauchen. So können sie rasch abtauchen, um mit neuen Ideen und Strategien in die nächste Verhandlungsrunde zu gehen.

Sie brauchen ...
einen ruhigen Platz, an dem Sie in der nächsten halben Stunde ungestört sind, Lust auf die innere Wende und angenehm bildhafte Vorstellungen.

Denken Sie sich einen Moment, eine Situation, einen Platz in Ihrem Leben, der reine Erholung für Sie bedeutet ...

Jeder pflegt persönliche Erholungsmomente, entscheidend ist, dass Sie sich in der Konzentration auf Ihren inneren „Relaxingfilm" durch nichts ablenken lassen.

Claudia Dressel, Physiotherapeutin bei Eintracht Frankfurt:
„Ich empfehle meinen Spielern, sich vorzustellen, barfuß über warmen Sand zu laufen. Ein mentaler Spaziergang am Meer, entspannende Seeluft atmen, die Sonnenwärme kribbelt angenehm am ganzen Körper ..."

Der Trick dieser Entspannungsformel liegt in der Sammlung Ihrer Gedanken. Die zielgerichtete Konzentration auf ein Bild „kickt" Sie nach kurzer Zeit in den erholsamen Kurzschlaf. Sie malen sich eine wunderbare Situation aus, bündeln das positive Gefühl, indem Sie immer wieder zu diesem Bild zurückkehren, wenn das Absinken in den Kurzschlaf beginnt. Sobald Sie sich in Ihren Entspannungsfilm hineingeträumt und -gefühlt haben, beginnt der Moment des ALPHA-KICK. Sie fallen für wenige Augenblicke in eine Art Schwerelosigkeit, in der Ihr Innerstes den ermüdenden Stress abwirft. Zunächst nehmen Sie die Leichtigkeit im Körper wahr, dann überträgt sich das Wohlgefühl in die Gedanken: Sie sind hellwach, frisch motiviert und offen für Neues.

Diese schnellste Form der Meditation wirkt gleich doppelt auf die mentale Fußballfitness: rasche Entspannung in der Stresssituation und phantastischer Langzeiteffekt für die innere Gelassenheit. Wenn Sie Ihren Geist regelmäßig auf diese Weise in die Kurzpause schicken, schaffen Sie sich einen inneren Schutzschild gegen die Dauerbeanspruchungen des Alltags. Körper und Geist erholen sich nachweislich schneller nach einem Stressmoment, wenn Sie in meditativen Techniken geschult sind.

Ein Bild ... ein Gedanke
Sie können den Alpha-Kick jederzeit einsetzen, wenn Sie sich eine kurze Pause gönnen. In der Mittagspause, am Abend nach dem Training oder einfach zwischendurch. Optimal funktioniert die Methode, wenn Sie sich bereits im Vorhinein auf motivierende Gedanken und neue Energien einstellen:

Sie setzen oder legen sich bequem hin, schließen entspannt die Augen, schotten sich innerlich gegen alle Geräusche ab und atmen ruhig ein und aus ...

... während Sie in Ihr individuelles Erholungsbild abtauchen,
... fühlen den warmen Sandstrand unter dem Rücken,
... konzentrieren sich auf das Meer,
... spüren die Sonnenstrahlen auf Ihrer Haut,
... nehmen die leichte Brise über dem Kopf wahr,
... riechen die Frische des Meeres,
... hören das Schlagen der Wellen,
... und genießen die entstehende Ruhe in Ihrem Inneren.

Kehren Sie gebündelt zu diesem Entspannungsmoment zurück, sobald die Gedanken „auf Wanderschaft" gehen, fühlen Sie sich immer wieder in die Schönheit dieses inneren Bildes hinein und bleiben Sie dabei, bis die Leichtigkeit Körper und Kopf erfasst ...
... schon sind Sie angekommen!

Ein tiefer Kurzschlaf ...
aus dem Sie nach kurzer Zeit erwachen. Der Grund für die effektive Blitzerholung: In der Entspannung aktivieren Sie für einen Augenblick das Tiefschlafzentrum Ihres Organismus. Dieser Moment reicht aus, um für überraschende Erholung zu sorgen, für innere Ruhe, die Sie sonst nur vom Nachtschlaf kennen. Dieses Phänomen nennen Ärzte und Psychologen den ALPHA-Bereich.

Die unterschiedlichen Frequenzbereiche des Gehirns
Wissenschaftler messen die Schnelligkeit der Hirnwellen und erkennen daran die Stimmungslage des Probanden. So erhalten sie aufschlussreiche Erkenntnisse über Gedanken und Gefühle. Ist die Testperson übermäßig erregt oder nervös, liegt die Frequenz der Hirnwellen zwischen 14 und 40 Hertz: der stressende BETA-Bereich. In der angenehm leichten Entspanntheit der Gefühle, die entsteht, wenn Sie sich frei, aufnahmefähig und einfach gut fühlen, schwingen die Hirnwellen in einer Frequenz zwischen 8 und 13 Hertz: der erholsame ALPHA-Bereich, ein Zustand, den Sie eigentlich nur erleben, wenn Sie über die Grenze zum Nachtschlaf (TETA-und DELTA-Bereiche) gleiten. Der ALPHA-Bereich ist nicht nur die Blitzerholung im ALPHA-KICK, sondern gleichzeitig der Schlüssel für die Visualisierung erfolgreicher Bilder.

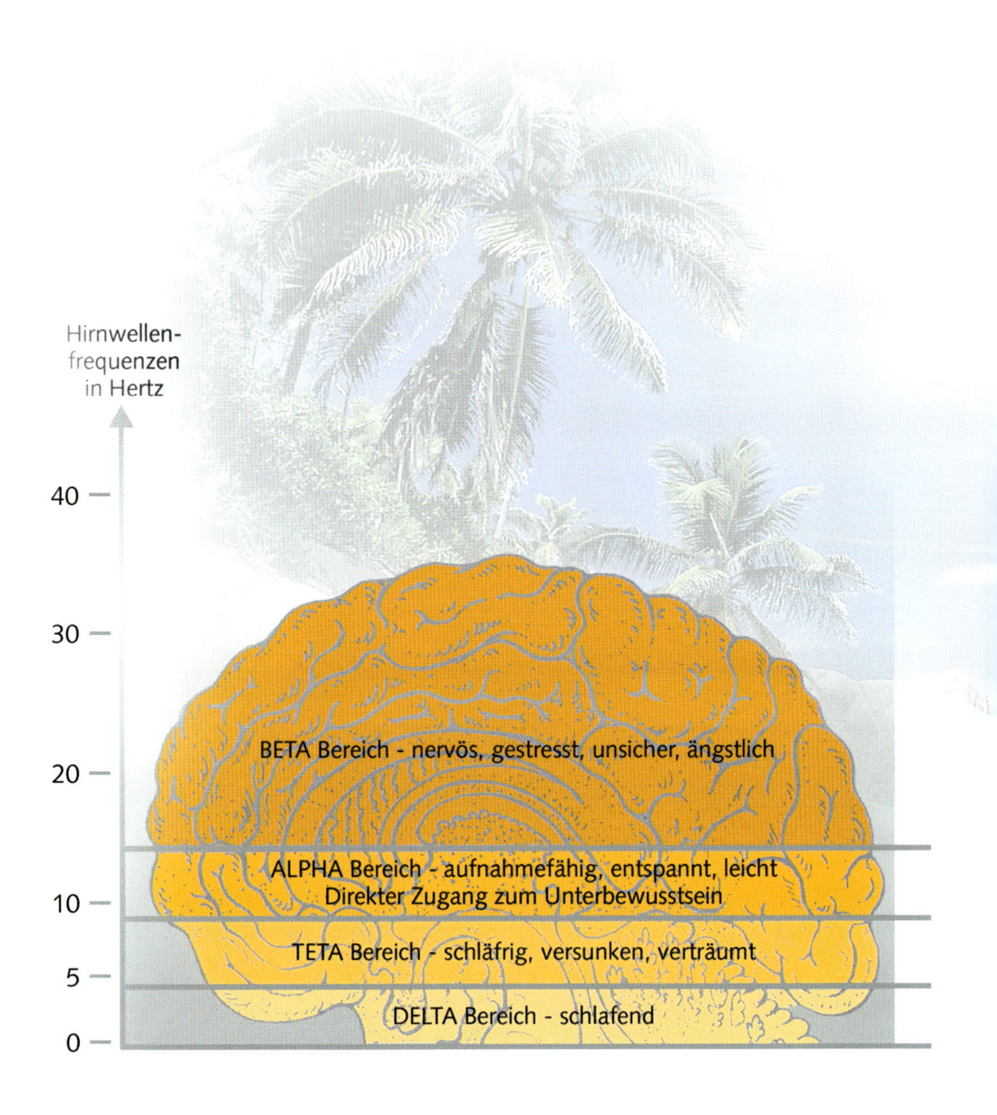

Hirnwellen-
frequenzen
in Hertz
40
30
20
10
5
0
BETA Bereich - nervös, gestresst, unsicher, ängstlich
ALPHA Bereich - aufnahmefähig, entspannt, leicht
Direkter Zugang zum Unterbewusstsein
TETA Bereich - schläfrig, versunken, verträumt
DELTA Bereich - schlafend

Sie visualisieren am effektivsten, wenn sich die Gehirnströme in der entspannten Hirnwellenphase befinden. HIER SCHLIESST SICH DER KREIS zu den Visualisierungen besserer Torchancen, gehaltener Torschüsse, gewonnener Spiele …

Den besten Zugang zum Unterbewusstsein haben die inneren Bilder, wenn Sie sich im ALPHA-Bereich befinden. Das heißt, Sie regeln ihren Stresspegel hinunter, tauchen ab in die Entspannung und schicken dann die Visualisierungen und Vorstellungen Ihres persönlichen Traumfußballs über den inneren Bildschirm.

8. Visualisierungen ...

Stellen Sie sich vor ...

... Sie kommen am rechten Flügel, etwa dreißig Meter vor dem Tor, an den Ball, umdribbeln dynamisch zwei Verteidiger und schlenzen das Leder am herausstürmenden Torwart vorbei ins lange Eck ... Treffer!

... Sie halten als Torwart in der letzten Minute den entscheidenden Elfmeter: Der Feldspieler läuft an, schießt. Sie ahnen die richtige Ecke und halten den Ball reflexartig vor der Brust. Abpfiff. Das Spiel ist gewonnen. Team, Trainer und Zuschauer jubeln!

... Sie haben über Wochen erfolgreich gespielt und können einen neuen Vertrag aushandeln. Sie setzen Ihre Unterschrift auf das Papier und wissen sich für die nächsten Jahre versorgt.

Wenn Sie ungeübt sind, dann beginnen Sie ganz einfach mit einem Fußball. Das Spielgerät eignet sich gut, um die Visualisierung mit Details zu üben: Sie schließen entspannt die Augen und stellen sich einen Fußball vor. Versuchen Sie, seine runde Form und die Beschaffenheit des Materials vor Ihrem inneren Auge zu sehen. Sie halten ihn in den Händen und streichen über die Oberfläche. Sie fühlen die Struktur, riechen den vertrauten Geruch und spüren sein Gewicht. Sie prüfen mit leichtem Druck des Daumens die Spannung und freuen sich über den wohlbekannten Gegenstand. Üben Sie Ihre Vorstellungskraft, wann immer Sie können – so schärfen Sie den inneren Blick. Die Bilder werden mit jedem Mal klarer und deutlicher.

Sobald Sie sich mit der Visualisierung vertraut gemacht haben, beginnen Sie, einen kleinen Film für die innere Leinwand zu drehen: Ihr Unterbewusstes reagiert auf Ihre Ziele am besten, wenn Sie ihm kleine Spielszenen zeigen.

STELLEN SIE SICH VOR, SIE STRECKEN EINFACH DAS BEIN UND LENKEN DEN BALL UNTER DIE LATTE DES GEGNERISCHEN TORS.

Traumbilder schaffen Traumfußball
Sie haben sich mit dem Spiel der inneren Bilder vertraut gemacht und beginnen, diese Gedanken im entspannten ALPHA-Zustand in das Unterbewusstsein zu „kicken", indem Sie ...

- sich einen ruhigen Platz suchen, an dem Sie sich wohl fühlen und etwa eine halbe Stunde lang ungestört visualisieren können.

- sich hinsetzen oder -legen. Fühlen Sie sich in den ruhigen Atem hinein.

- Nun beginnen Sie, sich eine entspannte Situation vorzustellen, bis die bekannt wohlige Leichtigkeit Körper und Kopf erfasst.

- Diesen Moment nutzen Sie für die Entwicklung Ihres „Films", der mit allen Einzelheiten ausgestattet wird. Sie sehen sich kraftvoll auf das Tor stürmen, den Ball eng am Fuß. Sie treten das Leder am Torwart vorbei ins Netz. Oder sehen Sie sich einen gelungenen Pass spielen, im Mittelfeldpressing den Ball zurückerobern, und spüren Sie die Freude, die mit diesem Augenblick verbunden ist. Spüren Sie den Glücksmomenten nach, bevor Sie die Visualisierung beenden und entspannt in die nächste Runde des Alltags starten.

Erstklassige Bilder entwickeln Sie, wenn Sie sich den Details widmen. Dem Abpfiff eines Spiels etwa: Sie und Ihr Team fallen sich jubelnd um den Hals, Sie sehen sich in Ihrem Trikot, die Nummer auf dem Rücken. Auf der Anzeigetafel der deutliche Torvorsprung ... stellen Sie sich sämtliche Momente vor, die in Ihren Augen den Sieg, die Freude symbolisieren.

Das Unbewusste als Sammelstelle Ihrer FUSSBALLERISCHEN ERFAHRUNGEN UND ERINNERUNGEN speichert ...
Fehlpässe, rote Karten, gewonnene Zweikämpfe, Aufstiegsmomente. Diese Bilder wandern ins Unterbewusstsein und werden zu Antrieben künftiger Spielsituationen. Sind sie positiv gefärbt, dann liefern sie mutige und stärkende Impulse.

Christian Eichler wundert sich in seinen Fußballmythen über eine Aussage des argentinischen Torhüters Carrizo: „Ich erinnere mich mehr an die Tore, die ich hineinbekommen habe, als an die, die ich verhindert habe." Ein Satz, den Sie von Oliver Kahn NIEMALS hören werden.

James E. Loehr erklärt in seinem Ratgeber *Die Neue Mentale Stärke* das Phänomen Visualisierung: „Lernen Sie, sich Dinge so lebhaft vorzustellen, dass Sie sie tatsächlich hören, sehen, fühlen und berühren können. Dies stellt für jeden Sportler eine unerlässliche Fertigkeit dar, die nur durch ausdauernde Übung erworben werden kann. Ihr Gehirn ist nicht in der Lage, eine lebhafte bildliche Vorstellung von der Realität zu unterscheiden. Große Wettkämpfer sind stets auch Meister im Visualisieren. Sie haben gelernt, sich im Geiste in die Zukunft zu versetzen und lange vor dem eigentlichen Wettkampf ‚zu sehen', wie sie große Ziele verwirklichen!"

Es macht Spaß ...
innere Bilder zu entwickeln und sich künftige Momente des Sieges genau vorzustellen. Versuchen Sie einmal DEN ÜBERSTEIGER (DEN LIEBLINGSTRICK RUDI VÖLLERS): Sie sehen sich im Vorwärtsdribbling auf dem Platz, machen einen Ausfallschritt nach außen über den Ball, verlagern das Körpergewicht und dribbeln über die Außenseite des anderen Fußes in die Gegenrichtung.

Für versierte Spieler und Visualisierer:
Sie sehen sich am Ball. Der gegnerische Verteidiger ist eng an Ihrer Seite. Im Lauf „steigen" Sie mit dem rechten Fuß auf den Ball, drehen sich rasch auf der Kugel, bis Sie mit dem Gesicht in die Gegenrichtung schauen. Den Ball ziehen Sie mit der Sohle mit, während Sie noch einmal eine halbe Drehung machen und mit Ball in Laufrichtung am ausgetricksten Gegner vorbei in Richtung Tor abziehen …

So trickst Zinedine Zidane regelmäßig seine Gegenspieler aus.

Expertentipp: Dr. Heinz-Georg Rupp, Sportpsychologe aus Krefeld, sammelt seit Jahren gute Erfahrungen mit Visualisierungen in der Athletik. Er schwört auf die Verbesserung des Technik- und Taktiktrainings durch mentales Training.

Gedanklich spielend zum Erfolg
Visualisieren Sie den Zug zum Tor. Einfach, klar, präzise. Arbeiten Sie mit Farben. Nehmen sie gedanklich ROT für Energie: Der Ball fliegt auf einer roten Schnur zum Tor.
Visualisieren Sie phantastische Dribblings und lassen Sie dabei den Ball auf der roten Farbschnur um die Gegenspieler herumtanzen.

Nutzen Sie die unterschiedlichen Farben, um sich erfolgreichen Fußball vorzustellen:
ROT für Kraft, Energie, Dynamik
BLAU für Kalkül und Taktik
GRÜN für Vertrauen
GELB für Tatkraft

Spielen Sie gedanklich mit dem Ball und seiner Beschaffenheit
Prall gefüllt ist die „Granate" beim Torschuss. Flexibel und etwas nachgiebig ist der Ball, um (beim Dribbling) am Fuß „zu kleben".
Stellen Sie sich einen Magneten an Fuß und Ball vor. Der Ball „hängt" am Fußballschuh. (Beim Schuss oder Pass wandelt sich der Magnet in abstoßende Energie.)

Stellen Sie sich vor, wie Sie den Ball zum eigenen Mann schießen, auf einer Lichtschnur. Oder direkt zum Magneten am Fuß des Mitspielers. Stellen Sie sich vor, der gesamte Fuß sei ein einziger Magnet, der den Ball magisch anzieht, quasi ein Schwarzes Loch ...

Elfmeter
Schaffen Sie in Ihrem Bild eine Verbindung mit dem Teil des Tornetzes, in den der Ball einschlagen soll. Natürlich sollten Sie den Torwart zusätzlich täuschen. Aber der „Magnetpunkt" im Netz ist trotzdem klar: Genau da schlägt der Ball ein.

Visualisierungen für den Torwart
Ihre Fanghandschuhe sind wie Magneten, die den Ball magisch anziehen. Wenn der Ball in die Ecke zielt, dann fliegen die Hände automatisch dorthin, wie vom Ball angezogen.

Damit das Unterbewusstsein optimal für Sie arbeitet, präsentieren Sie ihm Bilder, in denen Sie die Hauptrolle spielen. Sie sind der wichtigste Teil der Vorstellung. Denn: Visualisieren Sie nur den Ball im Tor, nur den Pokal oder das Siegertreppchen, dann fehlt dem Unterbewussten die entscheidende Information für die Umsetzung – nämlich SIE!

VISUALISIERUNGSTIPPS FÜR DEN TORSCHÜTZEN
Werner Mickler und Prof. Henning Allmer,
Leiter des Psychologischen Instituts der Sporthochschule Köln:

Erinnern Sie sich an drei Spiel-Situationen, in denen Sie Ihre Fähigkeiten und Fertigkeiten besonders deutlich beim erfolgreichen Torschuss gespürt und erlebt haben. Wählen Sie die Beste aus und lassen Sie diese vor Ihrem inneren Auge ablaufen.

Dabei können Sie aus verschiedenen Situationen gedanklich auch eine „Supersituation" gestalten, in der Sie die eindrucksvollsten Möglichkeiten miteinander kombinieren …
beispielsweise geht der Schuss nicht nur genau auf das Tor, sondern fliegt auch noch mit Effet an einem Gegenspieler vorbei.

Jetzt lassen Sie diese Supersituation in Ihrer Vorstellung ablaufen, sehen sich in der günstigsten Torschuss-Situation: Der Ball liegt optimal, Sie führen die Ausholbewegung durch und spüren den idealen Ablauf – die Power in Ihrem Körper, speziell im Schussbein – und treffen den Ball genau an dem Punkt, der für diesen Schuss richtig ist.

Sie spüren den Treffpunkt des Balls in Ihrem Fuß und wissen gleichzeitig, dass Sie perfekt getroffen haben, verfolgen die Flugkurve des Balls, die genau wie bei einem optimalen Billardstoß abläuft, und sehen, wie der Ball im gegnerischen Tor „einschlägt".

Effektiver visualisieren Sie, wenn Sie sich zusätzlich das Geräusch vorstellen, das entsteht, wenn Sie den Ball mit dem Fuß treffen. Welche Metapher Sie benutzen, ob Billardstoß oder eine andere Vorstellung, ist Ihnen überlassen. Wählen Sie das Bild, das Ihnen am besten gefällt und das Merkmale enthält, die Sie als Torschütze für besonders wichtig halten. Viel Erfolg!

Schanzenspringer, Marathonläufer, Fußballstars
Formen der Visualisierung werden seit langem zur Verbesserung der Leistung eingesetzt.

Wenn sich **Skispringer** auf die Schanze wettkampfgemäß vorbereiten, mit leicht gebeugten Knien wippen, den Oberkörper ein wenig vornüber neigen, nutzen die Sportler jene wertvollen Sekunden vor dem Start, um sich den Sprung in allen Einzelheiten vorzustellen und gehen ihn quasi mit Kopf und Körper einmal „durch".

MARATHONLÄUFER stellen sich gedanklich auf einzelne Etappen ihres nächsten Wettkampfes ein. Sie visualisieren die 42 km-Strecke in einzelnen Phasen. Nehmen also via innerem Bildschirm vorweg, wie sie die Steigung bei Kilometer 18 nehmen, am Ende des Asphalts noch einmal richtig anziehen und glücklich durchs Ziel laufen.

Visualisierungen auf den Bolzplätzen, den Hinterhöfen, beim Straßenfußball:
Davon erzählen die Erinnerungen erfolgreicher Fußballspieler, die in Interviews berichten, wie sie bereits als Bub auf dem Hinterhof kickten und davon träumten, später der umjubelte Fußball-Profi zu sein.

9. Ihr Erfolg ...

Wie handelt ein Fußballer, der seine Karriere nicht dem Zufall überlassen will? Als Ottmar Hitzfeld 1971 bei seinem Heimatverein FV Lörrach spielte und kein Angebot von einem Profiverein bekam, obwohl er sich anstrengte, da meldete er sich einfach zum Probetraining des FC Basel an. Trainer Helmut Benthaus zeigte sich von Hitzfelds Leistungen sehr angetan und bot ihm tatsächlich einen Vertrag an. Kurze Zeit später glänzte der Einsteiger als erfolgreichster Torschütze der 1. Schweizer Liga.

Wenn das keine Geschichte ist
Hitzfeld zeichnet sich als Trainer dadurch aus, dass er sein Metier beherrscht – auch in extremen Situationen. Erinnern Sie sich an das vollkommen verrückte Finale der Bundesliga im Jahr 2001? Vier Minuten fehlten Schalke zum ersehnten Titel, Bayern wurde in letzter Sekunde Meister: Es mutete an wie ein Wunder. Der Trainer schrie sein Glück heraus und jubelte mit den Spielern, Co-Trainer Michael Henke und dem Management, bis Kamera und Mikro nahten. Binnen weniger Minuten war Hitzfeld wieder beherrscht, höflich und distanziert.

Ihr Image ist das eines Gentleman. Sie sind der stille Star im Fußball. Werden Sie auch laut?
Ottmar Hitzfeld: *„Das kann ich schon. Allerdings nur, um das Team kurz wachzurütteln und anzuspornen."*

Wie reagieren Sie, wenn Sie unter extremem Druck stehen?
Ottmar Hitzfeld: *„Ich werde ruhig, kühl und in mich gekehrt. Als Trainer muss ich große Entscheidungen treffen, was oftmals heftige innere Anspannung bedeutet. Diesen Druck lasse ich die Spieler nur bis zu einer gewissen Grenze spüren, damit sie merken, dass ihr Coach die Gefahr erkennt und so um seine Glaubwürdigkeit wissen. Die Spitzen der Spannung behalte ich jedoch für mich."*

Was ist Ihr Erfolgsrezept?
Ottmar Hitzfeld: *„Ich kenne die Bedingungen für Erfolge und glaube sogar daran, dass man Glück mit der richtigen Einstellung herausfordern kann. Nötig sind Leistungswille, Disziplin, Immunität gegen Stress und Einsatz. Meine Philosophie ist sehr einfach: Wer nach bestem Wissen und Gewissen alles gibt, der wird auch belohnt."*

Ist mentale Fitness im Fußball ein wesentlicher Erfolgsfaktor?
Ottmar Hitzfeld: *„Die innere Stärke eines jeden Spielers hat größte Bedeutung für erfolgreiche Spielergebnisse. Wichtig ist, dass negative und positive Erlebnisse, Niederlagen und Euphorien sorgfältig verarbeitet werden - am effektivsten passiert das durch mentales Training."*

Hitzfeld und der „FC Wunder"
Als er noch den Schweizer FC Aarau trainierte, betitelte die lokale Presse Hitzfelds Mannschaft mit „FC Wunder", weil sie ständig die großen Teams besiegte. Vielleicht ist er, wie Stefan Effenberg meint, „der beste Trainer der Welt". Ganz sicher ist er aber eines: ein Vollprofi, der mit Entschlossenheit und Strategie große Erfolge für seine Mannschaft erarbeitet.

Welche Rolle spielt die Stärke des Einzelnen im Gefüge der Gemeinschaft?
Ottmar Hitzfeld: *„Der Teamgeist ist das Wichtigste im Mannschaftssport. Damit kann man auch mit weniger guten Spielern die bessere Mannschaft stellen."*

Sind Sie der kühl kalkulierende Kopfmensch, wie die Fußballwelt Sie sieht?
Ottmar Hitzfeld: *„Mein Ehrgeiz ist groß und ich hasse Niederlagen. Deshalb unternehme ich alles, um sie zu vermeiden. Wenn ich im Kopf entsprechend vorbereitet bin, dann kann ich mich im richtigen Moment auf den Instinkt verlassen. Zum Glück sind meine Alarmglocken sehr verlässlich."*

Und Sie trainieren mental?
Ottmar Hitzfeld: *„Über mentales Training habe ich bereits vor dreißig Jahren in der Hochschule geschrieben. Es macht Sinn, sich künftige Bewegungsabläufe vorzustellen. Zuerst als Amateur, später im Profibereich, übte ich gedanklich Spielsituationen ... das Dribbling am Gegner vorbei, den Fallrückzieher – auch das Timing für den Sprung zum Kopfball können Spieler bestens im Kopf trainieren und visualisieren."*

Wie gehen Sie heute als Trainer damit um?
Ottmar Hitzfeld: *„Indem ich den Spielern anbiete, für sich mental zu arbeiten. In der Gruppe sind solche Methoden schwierig anzuwenden, weil zuviel Konzentration und Energie verloren geht. Einige Profis beschäftigen sich intensiv damit und vielleicht wird Mentaltraining eines Tages in der Bundesliga eingeführt."*

Und wie sieht Ihr persönliches mentales Training aus?
Ottmar Hitzfeld: *„Ich setze mir visuelle Ziele. Ich stelle mir vor, wie ich auf der Bank hochspringe und jubele, wie ich mich mit den Spielern freue und sie nach dem Spiel beglückwünsche. Eben erfolgreiche und optimistische Bilder."*

Herr Hitzfeld, sind Sie ein Optimist?
Ottmar Hitzfeld: *„Ich bin einer ... (lacht) Natürlich. Ich versuche, in jeder Situation die positive Seite zu sehen. Nicht im Jammern oder im Negativen zu verweilen, sondern Lösungen für die Zukunft zu schaffen. Eine Haltung, die ich auch den Spielern vermittle. Der nächste Ball ist wichtig, nicht die Torchance, die du verpasst hast. Du hast WIEDER eine Chance, die MUSST du nutzen – und die WIRST du nutzen! Das ist die Kraft des positiven Denkens und die kann man lernen."*

Optimistisch und felsenfest überzeugt vom Erreichen des Ziels
Jeder Zweifel hemmt erfolgreiche Visualisierungen: Trainieren Sie einfach bei jeder Gelegenheit, positive Bilder vor dem inneren Auge zu entwickeln und auch in so genannten „Tagträumen" blitzartig optimistische Situationen zu visualisieren. Auf diese Weise schalten Sie für einige Sekunden innerlich ab, sehen sich auf dem Siegertreppchen, strahlend im Team oder beim Torschuss. Sie installieren positive Szenen im Unterbewusstsein und gute Gefühle werden Teil Ihres täglichen Trainings.

Das Tor wird fallen?
Sobald Sie einen Torschuss visualisieren, sollten Sie in dem GLAUBEN arbeiten, dass das Tor fällt. Nicht bloß hoffend, sondern mit dem Gefühl des Torschützen, der den Ball bereits im Kasten versenkt hat. Das heißt, Sie sehen sich bereits am Ziel: AUF der Meisterschaftsfeier, BEIM Abpfiff jubeln, IN der Umarmung Ihrer Mitspieler.

FC Wunder ...
Paulo Coelho beschreibt das Phänomen der inneren Gewissheit: „Weil er (der Krieger) an Wunder glaubt, geschehen auch Wunder. Weil er sicher ist, dass seine Gedanken das Leben verändern können, verändert sich sein Leben."

Nutzen der entspannten Momente des Tages
Sie wissen um den wissenschaftlichen Hintergrund: Im entspannten ALPHA-Zustand der Gehirnwellen ist das Unterbewusstsein empfänglich für Visualisierungen. Sie durchlaufen den ALPHA-Bereich zweimal täglich automatisch: direkt vor dem Einschlafen und in den Minuten des Erwachens. Nutzen Sie diese Momente, um Visualisierungen für Ihren Erfolg zu entwickeln.

If you have a dream, go for this dream
Sie wollen in der nächsten Saison aufsteigen oder einen besseren Vertrag unterschreiben? Sie sind von diesem Vorhaben überzeugt und haben sich ein exaktes Bild vom Aufstieg oder den Bedingungen Ihrer Karriere gemacht? Dann werden Sie dafür trainieren. Sie werden sich für Ihre Ziele einsetzen, diszipliniert dafür arbeiten und Verantwortung übernehmen. Denn Sie wollen die optimale Leistungsfähigkeit und haben den inneren Antrieb, dafür zu kämpfen.

Begeistern Sie sich für Ihre Ziele
Stellen Sie sich vor, Ihre Träume haben sich erfüllt. Sie haben Ihr Potenzial genutzt und sind am Ziel. Freuen Sie sich auf diese Momente.

Auf dem Weg nach oben ...
Sie trainieren mental für sich und Ihre Ziele – als Spieler eines erfolgreichen Ganzen. Sie stärken das Zusammenspiel kreativer Kräfte innerhalb der Mannschaft, wenn Sie Ihre persönliche Spielstärke aktivieren.

DIE SUMME IST MEHR ALS ELF SPIELER, EIN TRAINER, EIN TEAM.

VISUALISIERUNGSÜBUNG FÜR DEN TORWART
Werner Mickler und Prof. Henning Allmer, Sporthochschule Köln:

Suchen Sie in Ihrer Erinnerung drei Spielsituationen, in denen Sie Ihre Fähigkeiten perfekt beim erfolgreichen Halten eines Balls erlebt haben. Die beste dieser Situationen lassen Sie gedanklich in allen Einzelheiten ablaufen.

Noch effektiver arbeiten Sie, wenn Sie diesen Spielzug mit Elementen ausstatten, die die Herausforderung, die auf Sie zukommt, noch größer werden lässt: Sie halten nicht nur einen genauen Schuss auf das Tor, sondern der Ball kommt auch noch mit Effet, evtl. flatternd auf Sie zu.

Nun lassen Sie die Situation vor Ihrem geistigen Auge ablaufen. Sie erahnen die Flugbahn des Balls, springen blitzschnell und geschmeidig wie ein Panther in das „bedrohte Eck".

Wenn es die Spielsituation erfordert, sehen Sie sich „abtauchen", mit entsprechender Körperspannung den Ball abwehren und aus der Gefahrenzone bringen. Versuchen Sie dabei, so deutlich wie möglich den Körper zu spüren, wie Sie einerseits leicht und schnell „abspringen" bzw. „abtauchen" und andererseits mit geballter Energie den Ball abwehren.

Komplettieren Sie die Übung, indem Sie sich zusätzlich das Geräusch des Balls vorstellen, der einen Teil Ihres Körpers trifft und erfolgreich abgewehrt wird. Ob Sie sich als Panther sehen, als Katze oder lieber eine andere Metapher wählen, entscheiden Sie am besten nach Ihrem Gefühl. Das Bild sollte allerdings die Eigenschaften enthalten, die Sie als Keeper für wichtig halten. Viel Erfolg im Tor!

ZWEIKAMPFDUELLE FINDEN HÄUFIG IN DER LUFT STATT.

Visualisierungsübung für Kopfbälle und Fallrückzieher

Visualisieren Sie Kopfballsituationen – und üben Sie die entsprechenden Fertigkeiten im nächsten Training.

Kopfball nach einbeinigem Absprung:
Schließen Sie die Augen und sehen Sie sich zum Köpfen anlaufen. Mit einem Bein springen Sie in die Höhe, dem Ball entgegen. Sie sind wie ein Bogen gespannt. Ihr ganzer Körper schnellt zum Ball – exakt getimt treffen Sie den Ball im richtigen Moment an der richtigen Stelle.

Kopfball aus der Drehung:
Sie springen nach kurzem Anlauf mit beiden Beinen dem Ball mit einer Drehung entgegen. Dabei dreht sich Ihr Körper von der Hüfte an (und nicht aus der Halswirbelsäule) in die Richtung, in die Sie den Ball köpfen wollen. Ihr Blick sieht den Ball kommen, Sie köpfen nach dem Absprung im höchsten Sprungpunkt und blicken dem Ball nach der gelungenen Aktion nach.

Flugkopfball, bei knie- bis hüfthoch ankommenden Bällen: Sie sehen sich nach kurzem Anlauf bei abgesenktem Oberkörper abspringen. Ihr Blick ist fest auf den Ball gerichtet. Nach dem Treffer federn Sie den Körper bei der Landung weich ab.

Der Fallrückzieher:
Sie sehen sich vor dem Tor. Der Ball kommt auf Sie zu. Richtig getimt springen Sie mit Ihrem Spielbein ab. Im Rückwärtsfallen machen Ihre Beine eine Scherbewegung, der Körper liegt waagerecht in der Luft und Sie spüren die Spannung, treffen den Ball per Vollspann – und fangen Ihren Schwung durch nach hinten abgestützte Hände ab.

Bundesliga-Schiedsrichter **Hartmut Strampe** pfiff bei der Begegnung Dortmund - FC Bayern München das Spiel mit der größten nachhaltigen Wirkung (weil er mehr als zehn gelbe, zwei rote und eine gelb-rote Karte verteilte). Er bereitet sich mental auf jeden Einsatz vor, indem er sich Spielmomente aus der Erinnerung vorstellt. Ein Beispiel? „Die Gastmannschaft führt 3:0. Nun muss man wissen, dass spätestens in der 75. Minute ‚das Fallen' im Strafraum einsetzt. Auf solche Aktionen sollte ein Schiedsrichter mental vorbereitet sein, um entsprechend zu reagieren." Strampe arbeitet seit mehr als zwanzig Jahren als Schiedsrichter. Er lässt sich mögliche Situationen „durch den Kopf gehen, um innerlich optimal vorbereitet zu sein", wenn er vor 70.000 Zuschauern und laufenden Fernsehkameras in nationalen oder internationalen Spielen entscheidet.

Spitzensportler, Manager und Wissenschaftler arbeiten mit Visualisierungen und nutzen sie für Dynamik, Teamverbundenheit sowie neue Ziele, um alles von sich zu geben. Trainer Dettmar Cramer ließ den jungen Gerd Müller stundenlang von gelungenen Torschüssen erzählen, wenn er mal nicht traf: „Und dann hat mich der Gerd ganz mitleidig angeguckt und hat gedacht, der Trainer vergisst jetzt auch schon alles, der wird schon alt", beschreibt Cramer seine Methode in Fußballpsychologie. „So sind wir von einem Tor zum anderen in einer Art Rückbesinnung und er hat sich richtig in eine Begeisterung hineingeredet. Es waren immer Tore des Monats, Tore des Jahres, schöne Tore!" Der clevere Coach nutzte die Erinnerung des jungen Torschützen. Sprach Müller von seinen Treffern, dann sah er sie vor sich ... und schoss wieder Tore: „Trainer, es ‚müllert' wieder!"

Schlaglichter
Kevin Kuranyi, Mike Hanke und Christoph Preuß erzählen über Visualisierungen, Verzicht ohne Reue und Erfolgsmomente:

Sie denken in Bildern?

Ch. Preuß: *„Natürlich stellt man sich laufend Spielszenen vor. Ich schaue mir gern und häufig Fußballspiele im TV an, das bildet die Vorstellung und überträgt sich automatisch in künftige Situationen."*

M. Hanke: *„Vor dem Spiel überdenke ich bildhaft optimale Laufwege. Wir schauen uns im Team Videos an, um im Einzelgespräch mit dem Trainer Spielmomente zu analysieren."*

K. Kuranyi: *„Ich denke mir im Training Torchancen aus und übe Strategien, wie man sie besser gestalten könnte."*

Während sich ihre Mitschüler in der Discothek amüsierten, haben Sie sich auf das nächste Training vorbereitet oder vom letzten Spieltag ausgeruht?

M. Hanke: *„Ich sah mich schon als kleiner Junge Profifußball spielen, so entstand der Wille, dafür zu kämpfen. Meine Eltern verhielten sich sehr unterstützend, indem sie mir erklärten, sobald ich mich für den Erfolg im Fußball entscheide, gehe ich schließlich für die Sache, für meine Vorliebe – so habe ich keinen Verzicht geübt, sondern war gern daheim, um mich auf das nächste Spiel vorzubereiten."*

Ch. Preuß: *„Als Jugendlicher unterhielt ich mich oft mit gestandenen Profis über die Wirklichkeit im Spieleralltag. So entstand in mir der Traum, den ich mir immer wieder vor Augen führte, um alles dafür zu tun, ihn zu verwirklichen. Aus dem Ehrgeiz entstand die Selbstdisziplin und Profifußball ist nun mal nur mit strenger Eigendisziplin zu spielen."*

K. Kuranyi: *„Seit ich denken kann, spiele ich Fußball. Der Spielgedanke selbst macht mir Freude. Meine größte Motivation für Training, Ruhemomente und Überwindung war und ist der Spaß am Fußball."*

10. Never train ...

Tina Theune-Meyer
„Wir haben Glück in der Frauen-Nationalmannschaft mit Spielerpersönlichkeiten zu trainieren, die sich selbst motivieren", so Tina Theune-Meyer. „Sie hängen sich ein Plakat in den Massageraum. Darauf steht in großen Lettern: ‚Never train for second place!' Botschaften wie diese bahnen sich einen Weg ins Unterbewusstsein und arbeiten dort für den Sieg."

Klaus Toppmöller brachte als Hessen-Coach den (Eintracht-)Adler in die Kabine und Trainer Helenio Herrera „klebte" per Wandpappe „SCHNELLIGKEIT" in die Gedanken seiner Spieler. Es gibt viele verschiedene Wege, das Unterbewusstsein zu „touchieren" – Jagdfieber, Enthusiasmus und Torjubellaune inklusive. Bringen Sie „positive Botschaften" an den Wänden Ihres Trainingszentrums an oder daheim im Hobbyraum, neben dem Spiegel im Bad.

Die Denkzettel-Methode
Sie können auch kleine Botschaften mit Ihren persönlichen Motivations-Slogans schreiben oder bunte Markierungspunkte an häufig benutzte Stellen legen. Benutzen Sie diese Mittel umfangreich und kleben Sie die „Erinnerungen" TABELLENSPITZE ... TORE ... BEGEISTERUNG ... an den Rückspiegel Ihres Wagens, auf das Armaturenbrett, in den Fußballschuh. So koppeln Sie den Optimismus an alltägliche Tätigkeiten und geben sich kleine, aber sehr wirksame Motivationsschübe.

Formulieren Sie positiv
Im Grunde ist die Parole der Frauen-Nationalmannschaft gegen die Regel, die da lautet: Benutzen Sie für Motivationen positiv formulierte Sätze! „NIEMALS FÜR DEN ZWEITEN PLATZ TRAINIEREN", ist deshalb wirksam, weil Sie beim Lesen dieses Satzes automatisch an den ERSTEN PLATZ denken, an den Sieg. Falsch sind Parolen wie „Nie mehr verlieren" oder „Nie mehr einen Fehlpass spielen". Diese Botschaften werden vom Unterbewusstsein nicht erkannt, es kennt KEINE VERNEINUNGEN. Benutzen Sie deshalb ausschließlich „JA"-Sätze, positive Gedanken.

Vorstellungen und Leistung
Selbstverständlich ERSETZT mentales Training NICHT die LEISTUNG auf dem Fußballplatz.

Expertentipp: Dr. Heinz-Georg Rupp empfiehlt jedem Trainierenden ...

- **mit Leidenschaft zu spielen**
  Kämpfen Sie sich mit Engagement zum Sieg. Jede Sekunde ist kostbar. Denken Sie nicht zuviel, sondern handeln Sie blitzschnell: Stellen Sie sich vor dem Spiel einen Blitz vor, der von Ihrem Körper ausgeht, als Symbol für schnelle Handlung, für spontane und sichere Reaktion.

- **Vertrauen zum eigenen Gefühl**
  Beim ewig falschen Stellungsspiel sagen Sie sich: „Ich stehe immer richtig zum Ball, vertraue meinem Gefühl und das postiert mich richtig." Stellen Sie sich vor, Sie sind die „Endstation" für die anderen Spieler. Alle rennen vergeblich gegen Sie an – Sie sind der erfolgreiche Defensivspieler.

– **den Tunnelblick**
  Zunächst visualisieren Sie einfacher, wenn Sie sich auf wenige Punkte konzentrieren. Bevor Sie abziehen, sehen Sie den Ball, Ihren Fuß und das zappelnde Netz. Also: Der Ball „tropft" auf Ihren Fuß und Sie schießen. Kein gegnerischer Verteidiger, kein Torwart, keine Latte und kein Pfosten stören die Flugbahn. Sie blenden alles aus ... der Ball ist im Tor.

– **Vorbilder**
  Basler? Pele? Rudi Völler? Schlüpfen Sie in die Haut Ihres Vorbildes und spielen Sie seinen Fußball. Stellen Sie sich vor: Sie sind Beckham oder Figo. Lassen Sie sich tragen von der „geliehenen" Energie und übernehmen Sie quasi das Selbstbewusstsein des Idols, seine Mentalität, seine Arbeitslust und seine Spielfreude.

Wendezeit
Positive Botschaften, die sich den Weg in Ihr Unterbewusstsein bahnen, Visualisierungen für temperamentvollen Fußball. Das sind lauter Instrumentarien, um persönliche Talente optimal ausleben zu können.

Mit mentalem Training können Sie Ihre Fertigkeiten spielend verbessern, es wirkt in das laufende Training und in den nächsten Wettkampf hinein.

Um Eigenmotivation, Kampfgeist und Krisenmanagement geht es im folgenden Kapitel, auch um Begeisterung, Temperament und Spielwitz, eigenwilligen Umgang mit Niederlagen und disziplinierten Optimismus.
Mentale Fitness durch einfache Strategien aus dem Fußball-Profilager.

11. Begeisterung ...

Alles im Griff!?
Wenn eine finnische Fußballmannschaft dem Spieler Pentti Kekkola nach dem fünften Eigentor einen Kompass schenkt, beweist das Team Humor. Genau wie Sepp Maier, der nach einem Eigentor Franz Beckenbauers den Bayern-Trainer fragte: „... und wer deckt im nächsten Spiel den Beckenbauer?"
Humor und Ernsthaftigkeit im Spielbetrieb schließen sich nicht aus – eher bedingen sie einander. Auch wenn es in einer Spielsituation problematisch zugeht, sollten Sie innerlich ein Stück zur Seite treten, um über sich und andere ohne Häme zu lachen: Momente, die Souveränität bedeuten.

In der Niederlage die Chance erkennen
Auch in einer Niederlage positiv zu denken, Abstand zu nehmen und nach neuen Lösungen zu suchen, hilft Ihnen, Ihre Denkweise optimistisch zu gestalten. Für das nächste Spiel heißt das: Ein Eigentor oder ein Fehlpass ist kein wirkliches Unglück. Erst die negative Einstellung macht es dazu (Sie ärgern sich über ein Eigentor? Selbst „Kaiser Franz" schoss Eigentore). Eine gewinnende Haltung auf dem Fußballfeld lernen Sie genau wie einen Fallrückzieher: durch ständige Übung und bewusstes Training.

Ottmar Hitzfeld und Niederlagen ... Tiefpunkte?
„Daran entwickelt man sich. Ich glaube, im Umgang mit Niederlagen ist die reflexive Besinnung das Wichtigste: Ich analysiere die Situation und überlege, was ich zukünftig besser machen kann. So wird ein Tief zur Chance, aus der man bestenfalls gestärkt hervorgeht."

Positiver Umgang mit Krisen
Es ist also die innere Einstellung, die eine Niederlage zur Krise gestaltet. Jedes verlorene Spiel, jeder vermeintliche Fehler, den Sie gemacht haben, gibt Ihnen die Chance, innerlich zu wachsen. Sie können daraus lernen, wenn Sie reflexiv, also zurückbesinnend herangehen, um für das nächste Mal Verbesserungen herauszuarbeiten. Um Ziele zu erfüllen, ist es wichtig, zu kämpfen, Kräfte dafür zu mobilisieren – den Sieg zu lieben. Es ist also sinnvoll, die innere Einstellung nach negativen Selbstkonzeptionen zu überprüfen, ebenso hilfreich ist auch, Trainer oder Mentalcoach, die Sie ja schließlich ständig beobachten, nach ihrer Meinung zu fragen. ZIEHEN SIE AUCH GEWINN AUS DEN NIEDERLAGEN UND FÜHLEN SIE DIESE SITUATIONEN NICHT ALS VERLIERER, SONDERN ALS ABENTEURER.

Disziplinierte Optimisten arbeiten mit dem Wissen, dass sich negative Gedanken negativ auf die Gefühle auswirken – Emotionen, die wiederum Ihre Leistungen auf dem Fußballfeld steuern. Darum sollten Sie regelmäßig gegensteuern, indem Sie Ihre Gedanken lenken, den Geist schulen, die innere Einstellung trainieren.

Die Bannbotschaften und ihre Folgen

Erinnern Sie sich an Ihre Kindheit? Wie oft haben Sie gehört: „Das kannst du nicht.“ „Sei vorsichtig, du tust dir weh.“ „Lass es, du verbrennst dir die Finger.“?!? Psychologen nennen diese Sätze Bannbotschaften, weil sie Gefühle und Handlungen bannen, die in unserem Inneren pulsieren. Mannigfaltige Ängste und negative Gedanken rühren aus dieser Zeit. Sie lauern im Unterbewusstsein und sind Ursache für Hemmungen in Alltag, Training und Spiel. Wenn die innere Stimme wieder und wieder den Spaß verdirbt: „Schaff' ich nicht“, „Versagen droht“, dann wechseln Sie die Stimmung und sagen sich, es seien andere Zeiten angebrochen, bessere eben. Psychologen raten zu einem „Tonbandwechsel“: Sagen Sie sich, wenn nötig laut: „Alles ist machbar, jetzt und immer.“

Gedanklich einen Haken schlagen
Ihr Gehirn ist folgendermaßen strukturiert: Sie können nur jeweils einen Gedanken denken, egal ob positiv oder negativ, aber niemals zwei Gedanken gleichzeitig. Nutzen Sie das Wissen um diese Tatsache, wenn Sie wieder einmal von einer düsteren Bannbotschaft überfallen werden und tauschen Sie den Gedanken durch einen erhellenden aus. Rufen Sie positive Gedanken in Ihrem Inneren ab, die Sie neu motivieren. Fragen Sie sich innerlich, worauf Sie ganz besonders stolz sind. Sie produzieren automatisch Ja-Antworten, erinnern sich an gute Momente und haben dem Pessimismus ein Schnippchen geschlagen.

Scheinbar Unmögliches anpeilen
Innere Begeisterung besiegt Spannungen, wirkt Wunder und bringt die Wende in scheinbar verlorene Spiele: Sie erinnern sich an das legendäre Bundesligaspiel Bayern München gegen den VfL Bochum im Jahr 1976? Es stand 4:0 für Bochum, als die Bayern das Ruder herumrissen und am Ende mit 6:5 gewannen. Uli Hoeneß schoss das Siegtor in der 90. Minute!

Spielen und kämpfen wie die Amateure
Amateur kommt von lateinisch amare und heißt lieben. Ein Amateur ist also jemand, der Fußball spielt, weil er den Sport liebt. Egal in welcher Liga Sie spielen, begeistern Sie sich innerlich wie ein Amateurspieler. Lieben Sie Training, Mannschaft und den Spielgedanken. Die innere Einstellung überzeugt und infiziert.

Winni Schäfer
„Die besten Spieler sind die, die keinen Trainer brauchen. Oliver ist so einer. Einen Übungsleiter braucht er schon, aber keinen, der sagt, guck mal, dass wir am Samstag gewinnen. Das würde Oliver als ehrenrührig, als Beleidigung empfinden", sagt Winfried Schäfer über den Torwart, der die Eigenmotivation scheinbar erfunden hat. Oliver Kahns ganzes Handeln ist von innerer Stärke gekennzeichnet. Fehlende Motivation ist ihm unverständlich und fremd.

Oliver Kahn
„Mein Anspruch ist einfach: Jedes Spiel auf höchstem Niveau bestreiten." Egal ob vor dem Spiel, beim Stand von 1:5 oder nach einer Niederlage: Wer sich konsequent motiviert zeigt, findet seine persönliche Stärke. Voraussetzung dafür sind der Blick auf das Ziel und der Wille, dafür zu arbeiten, ohne zu jammern.

Motivationen
Die größte mentale Stärke Oliver Kahns? „Er lebt den Fußball wie kein anderer", sagt Ottmar Hitzfeld. Selbst auf dem Trainingsplatz rackert der Torhüter, als wäre er im Finale des Weltpokals. „Gewinnen heißt: niemals aufgeben." „Gewinnen heißt: wollen!" „Gewinnen heißt: positiv sein!" Solche Sätze nagelte sich Kahn bereits als Kind an die Wände seines Zimmers. Geträumt, gelesen, auf dem Platz umgesetzt.

Jammeralarm?
Motivationstraining kontra Lustlosigkeit: Dem einen muss der Trainer auf die Füße treten, damit er Verantwortung für das Spiel übernimmt, der andere ist kaum zu bremsen. Mit der inneren Einstellung haben Sie die Wahl: Sie können sich über Trainingsbelastung, hohe Anforderungen oder den Tabellenplatz beklagen – oder sich für das nächste Spiel, Ihren Einsatz und die Chance auf einen Sieg begeistern. Kahn hat sich entschieden: „Es gibt für mich nichts Besseres, als Titel zu gewinnen, um sie dann zu verteidigen. Jeder Sieg ist Verpflichtung."

Freude auf Erfolg? Oder eher Angst vor der Niederlage?
Psychologen unterscheiden zwischen zwei Motivationstypen: Es gibt den Spieler, der sich durch die innere Freude auf Ziele und Erfolge angetrieben fühlt und es gibt den zweiten Motivationstypus, der sich durch die Furcht vor Misserfolgen auszeichnet und nur „Hackengas" gibt, um Niederlagen zu vermeiden. Logische Konsequenz: Ein Fußballer, der das Tor und den fälligen Treffer im inneren Fokus hat, wenn er über den Platz stürmt, ist anders motiviert als ein Spieler, der ängstlich Fehler zu vermeiden sucht.

Also? Auf die mögliche Schande achten, die es zu vermeiden gilt? Oder sich auf künftige Tore und Spielzüge konzentieren? Eines ist sicher: Auf der Skala der Erfolgsmomente verzeichnen die begeisterten, positiv motivierten Spieler deutlich mehr Punkte.

Winni Schäfer, Nationaltrainer in Kamerun
über Eigenmotivation seines Teams:

Welche Erfahrungen machen sie mit der Kameruner Mannschaft?
W. Schäfer: *„Die Spieler haben mir den Spaß an meinem Beruf zurückgegeben: Sie wollen unbedingt gewinnen, spielen für die Ehre, für ihr Land."*

Wie sehen die Einflüsse von Medien und Funktionären aus?
W. Schäfer: *„Die spielen nicht die gleiche Rolle wie in Europa. Fußball im ursprünglichen Sinne ist unbeeinflusst von Managern, Seilschaften und der Komplottbereitschaft einzelner Spieler."*

Die Motivation Ihres Teams?
W. Schäfer: *„Wir ehemaligen Bundesligaspieler kommen aus einer Zeit, in der nie über Motivation nachgedacht wurde, sie war einfach da. Diese optimale Einstellung zum Fußballbetrieb erlebe ich täglich in Kamerun."*

Den Überblick behalten
Stellen Sie sich einen Parcours vor ... Kurven, Hürden, Bahnen ... am Ende das Ziel. Sie sollten bei allen Schwierigkeiten Ihr Ziel im Auge behalten, selbst wenn es zwischendurch Niederlagen zu bewältigen gilt. Begeistern Sie sich vor Ihrem geistigen Auge immer wieder für Ihr Vorhaben. Auf diese Weise aktivieren Sie innere Stärken, auch wenn es auf der Tabelle nicht nach einem Aufstieg aussieht.

Giavanni Trapattoni
Längst – und leider – ist er wieder in Italien. Der Trainer der italienischen Nationalmannschaft. Giovanni Trapattoni gilt bei Fans und Kollegen als Fußballer antiker Prägung. Er kritisiert die Unlust seiner Spieler im Training und predigt den stets motivierten Einsatz für die Manschaft. Der Coach über die Bedeutung innerer Einstellungen und die Haltung in Profiligen:

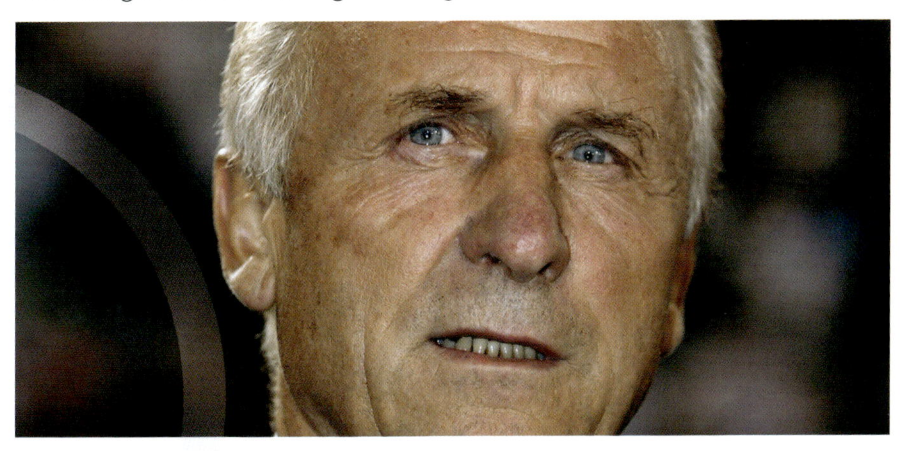

Wie haben Sie die Unterschiede zwischen italienischen und deutschen Profispielern erlebt?
Giovanni Trapattoni: „*Als ich in Deutschland die Trainingseinheiten erhöhen wollte, waren die Spieler sauer. Sie stimmten sich ab und es blieb bei den täglichen eineinhalb Stunden ... Diese Haltung ist im italienischen Profi-Fußball undenkbar. Drei- bis vierstündige Trainingseinheiten gehören in Italien und Spanien zum Spieleralltag.*"

Eine Frage der Einstellung?
Giovanni Trappatoni: „*Die innere Einstellung der italienischen Fußballspieler ist insgesamt professioneller. Sie leben und lieben den Fußball und ihre Haltung ist von Willen und Erfolgsdenken geprägt.*"

„Fußballfieber" bis ins Privatleben?
Giovanni Trappatoni: „*... das geht selbstverständlich auch ins Privatleben. Wenn sie von einer Sache überzeugt sind, dann lieben sie, was sie machen, ohne es als Belastung zu empfinden. In Italien sind die Spieler äußerst motiviert und deshalb erfolgstaktisch diszipliniert, was die Konstanz ihrer Spielform erklärt. Beständige Erfolge sind eine Frage der inneren Einstellung.*"

Der Charakter eines erfolgreichen Fußballers?
Giovanni Trapattoni: „*Motiviert, anständig und entschlossen.*"

12. „Ich habe ein Ziel ...

... und ich habe den Willen, es zu erreichen."

„Ich habe ein Ziel und ich habe den Willen, es zu erreichen." (Oliver Kahn)

Wie häufig läuft eine Fußballmannschaft auf ein Spielfeld, um zu siegen? Und wie häufig bleibt am Ende das Ergebnis weit hinter den Erwartungen von Spielern und Trainer zurück? Bemerkenswerterweise zeigt sich die Spielform eines Teams selten so gut, wie vor dem Spiel angenommen. Warum ist das so?

Weil alle Fußballer glücklich sind, wenn sie vom Sieg träumen oder in der Teambesprechung vom Aufstieg reden. Weil aber nur wenige Spieler gerne für den Erfolg trainieren, arbeiten und kämpfen. GROSSE ZIELE VERLANGEN EINSATZ UND HINGABE. Sollten Sie also von künftigen Erfolgen träumen, überlegen Sie sich genau, wie ernst es Ihnen damit ist. Wenn Sie nämlich nicht wirklich überzeugt davon sind, Pokal oder Titel gewinnen zu wollen, wird Ihr Unterbewusstsein Mittel und Wege finden, Ihren Plan zu boykottieren.

Damit der Weg zum Ziel nicht in Quälerei ausartet:
Selbstverständlich können Sie in das nächste Spiel gehen und hoffen, ein paar gute Pässe zu spielen oder vielleicht eine Torchance herauszuarbeiten. Sie können aber auch mit Einsatz Fußball spielen, auf höchstem Niveau trainieren und FREIWILLIG die Trainingseinheit verlängern, weil es Ihnen Spaß macht. Sie drehen eine weitere Runde auf dem Platz, einfach weil Sie Lust dazu haben. Dann laufen Sie am kommenden Samstag mit dem Gefühl auf das Spielfeld, dass Sie im Vorfeld alles für Ihr Ziel getan haben – und werden eher mit vollem Einsatz um den Sieg kämpfen.

OLIVER KAHN über die Bedeutung psychischer Fitness für den Torwart:

Wie wichtig ist die psychische Stabilität für den Torwart?
Oliver Kahn: *„Sie ist das alles Entscheidende. Zur Torhüterposition gehört eine extreme Kopfbelastung. Er lebt von der mentalen Verfassung, lebt von seiner Stabilität im Kopf. Ich kann mir keine mentale Schwächephase erlauben, ohne größere Probleme zu bekommen."*

Wie sieht die mentale Belastung des Torhüters aus?
Oliver Kahn: *„Ein Feldspieler kann in 90 Minuten alles wieder wettmachen. Der Torwart nicht. Kommt nichts, dann kommt nichts. Kommt ein Ball und ich halte ihn, dann läuft es einfach. Ist der erste jedoch drin, dann muss man sich im Nichtstun wieder finden und aufbauen. Das ist die besondere Situation des Torhüters."*

Was tun Sie dafür?
Oliver Kahn: *„Um mental optimal trainiert zu sein, muss ich sehr viel an mir arbeiten. Sobald ich ein Spielfeld betrete, bin ich hochkonzentriert. Seit Jahren beschäftige ich mich mit Sportpsychologie – früher eher mit Motivationstechniken, heute mit den Entspannungstechniken, denn motiviert bin ich eh."*

Geben Sie stets alles?
Oliver Kahn: *„Ich versuche immer, sehr viel zu geben. Im Training ständig einhundert Prozent einzubringen, wäre allerdings unklug. Schon früh habe ich gelernt, die innere Überzeugung vom Sieg zu entwickeln: Ich habe meine fußballerischen Ziele – und die erreiche ich."*

„Wir wollen euch kämpfen sehen!"
Die Fans sind beleidigt, wenn die Champions nicht an ihre Grenzen gehen. Sie verzeihen dagegen alles, solange sie vollen Einsatz sehen. Ihr Dank an die zahlenden Gäste in der Westkurve? Zeigen Sie Spielbegeisterung bis zur letzten Minute.

Gehen Sie ruhig mutig vor, wenn Sie Ihre Ziele formulieren. Die Grenzen setzen Sie im Kopf. Trauen Sie sich an das Unmögliche, machen Sie sich genaue Vorstellungen von Ihrem Ziel und von Ihrem Können. Und dann geben Sie alles.

Fran Tarkenton, amerikanischer Defensivspieler, wurde in einem Interview gefragt, wie er zum erfolgreichen Fußballer geworden sei. „Immer die Vorstellung vom Sieg im Herzen tragen", antwortete Tarkenton. „Siegen kann überbewertet werden und wir sollten auch wissen, wie man würdig mit einer Niederlage umgeht. Aber", fährt der Champ fort, „wer zu sehr darauf bedacht ist, ein guter Verlierer zu sein, der vergisst, dass der Sinn von Fußball, Sport und Leben im erfolgreichen Bestehen liegt."

Aufgeben? Nie!
Willi Lemke ist überzeugter Marathonläufer. Die Höhepunkte seiner Laufkarriere „sind die City-Marathon-Läufe. Man sieht beim Laufen die Städte mit ganz anderen Augen."
42,195 km durch Hamburg, Berlin, New York ... Lemkes Bestzeit lässt manchen jüngeren Konkurrenten vor Neid erblassen. Beim berühmten New-York-Marathon ist er allerdings „eingeknickt". Bei Kilometer 32 versagten die Beine, obwohl der Verstand forderte „weiterlaufen!". Lemke musste sich an den Straßenrand setzen, ruhte aus, stand sich Minuten später wieder auf und erst als er durch den Stadtteil Harlem schlurfte und die Zuschauer johlten, da ging es ihm langsam wieder besser. Der Bremer lief nach Stunden mit letzter Kraft über die Ziellinie. Hat er überlegt abzubrechen? Lemke zeigt sich über diese Frage erstaunt: *„Aufgeben? Nie!"*

Höchste Konzentration im Moment des Einsatzes: Wenn Sie während eines wichtigen Aufstiegsspiels nicht mit gebündelter Konzentration antreten, dann verschleudern Sie Ihr Potenzial. Vermeiden Sie während des Spiels ständiges Abweichen in vergangene oder zukünftige Momente. Versenken Sie sich in die momentane Trainings- oder Spielsituation und genießen Sie den Augenblick. Geben Sie neunzig Minunten lang alles, fokussiert und konzentriert auf ihr Spiel ...

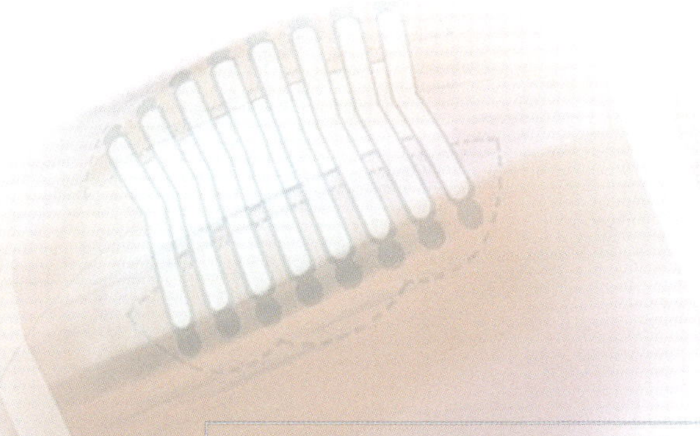

Manfred Burgsmüller nennt diesen inneren Fokus „die Mannesmann-Röhre". Der ehemalige Fußballprofi und heutige Marketing-Experte, der seit einigen Jahren begeisterter American-Football-Profi ist und den World Bowl 1998 und 2000 gewann, erklärt über die Bedeutung der Konzentration im Profisport: *„Ich versuche, mich auf die wesentlichen Dinge zu konzentrieren. Gute Spieler sollten ihre individuellen Qualitäten kennen und sich im Spiel darauf besinnen."*

Im American Football „vor 50.000 Fans", so Burgsmüller, „gibt es einen Wahnsinnslärm, Ablenkungen, Hektik auf dem Spielfeld. In dieser Situation sollte man sich nur auf Ball und Kick fixieren können, um im entscheidenden Moment intuitiv furchtlos zu spielen. Dafür sind permanentes Training und mentale Fitness nötig. Ich habe zahlreiche Erfahrungen in den langen Jahren auf dem Fußballplatz sammeln können. Diese Entwicklung kommt mir heute auf dem Football-Feld zugute, wenn ich mich im Bruchteil einer Sekunde für einen Spielzug entscheiden muss."

„Verstand und Gefühl, Instinkt und Talent", sind für den Essener die entscheidenden Stützen jeder Erfolgsgeschichte. „Und wenn es zehnmal vor dem Tor nicht klappt, dann denke ich mir ‚Junge, mach weiter!'. Irgendwann kommt einer von diesen Bällen, die dir genau vor die Füße fallen und du brauchst ihn nur noch über die Torlinie zu schieben. Meine Einstellung zum Erfolg? Kämpfen, konzentriert auf die nächste Chance warten und dann einfach abziehen!"

Manfred Burgsmüller (10), seit April 2000 ältester NFL-Footballprofi

Hitzfeld: „Eine gute Konzentrationsübung ist Tapping. Das ist ein russischer Test, bei dem Sie versuchen, in einer Minute möglichst viele Punkte mit dem Bleistift auf ein Blatt Papier zu bringen. Es trainiert die Fokussierung der Gedanken, am Ende bringt es 20 bis 25 Prozent messbar bessere Konzentrationswerte."

„Ein Spiel dauert 90 Minuten."
Einer der Kernsätze Sepp Herbergers. Der ehemalige Nationaltrainer hatte die Gabe, mit wenigen Worten ein ganzes Thema einfach auf den Punkt zu bringen.

WILLENSTRAINING

Ob der Kämpferwille gut trainiert ist, zeigt sich spätestens, wenn Probleme im Spiel auftauchen. Sie kennen die typischen „Willensbrecher": Der Gegner führt 3:0 in der 65. Minute, Sie müssen wieder einmal auf einer unbequemen Position spielen, Ihre Mannschaft geht mit nur zehn Spielern in die entscheidende zweite Halbzeit. Müdigkeit, Genervtheit und negative Gedanken blockieren in diesen Momenten den konsequenten Einsatz, bis zur letzten Minute für den Sieg zu spielen. Sepp Herbergers Credo war: Mut zum Risiko, die nötige Wende durch selbstbewusstes und entschiedenes Spielverhalten herbeiführen – bis zum Torschluss!

„Ich habe ein Ziel und den Willen, es zu erreichen."

Mentale Strategien …
müssen Sie als Stimulation Ihrer ganz persönlichen Energien, Eigenschaften und Talente betrachten und nutzen. Ihr Ziel ist dabei, durch einfache visuelle Techniken ein positives Bewusstsein fürs nächste Spiel zu entwickeln, für den Zweikampf am Ball, für die fälligen Tore … für den Gewinn der ganzen Mannschaft.

Günter Netzer hat im „Fernsehgespräch" bei Willemsen auf die Frage nach der Stimulation seiner persönlichen Fußballfreude erklärt: *„Es ist die Freude am Spiel, der Wunsch, etwas Außergewöhnliches zu tun. Dazu gehört eine gehörige Portion Egoismus, den man NICHT FÜR SICH PERSÖNLICH NUTZEN SOLL, SONDERN FÜR DIE MANNSCHAFT, FÜR DAS GANZE ALSO, UM DAS GANZE ZU EINER AUßERGEWÖHNLICHEN LEISTUNG ZU BRINGEN."*

13. Das Bild ...

„Das Bild einer Mannschaft wird durch die Art ihrer Zusammensetzung und durch den Umgang der Spieler miteinander, sowie durch die Kontakte zu anderen Personen bestimmt. Die Spieler einer Fußballmannschaft verbindet grundsätzlich die Freude und das gemeinsame Interesse am Fußballspiel", erklärt Gero Bisanz.

Mannschaftliche Verbundenheit setzt Kräfte frei, die Sie allein nicht erzeugen können. Haben Sie einmal die Stärke der Gemeinschaft gefühlt, einmal erlebt, wie es ist, Teil eines Ganzen zu sein, so fällt es Ihnen leichter, den Teamgeist bewusst zu fördern. Als Spieler sind Sie Teil einer starken Truppe: Erinnern Sie sich an diese Vorstellung und ordnen Sie persönliche Interessen dem Teamgeist unter, dann wird die Gemeinschaft zur Kraftquelle individueller mentaler Stärke.
Ein Team ist dann stark, wenn jeder Spieler die eigenen Interessen dem Mannschaftsgeist anpasst. Hingabe und Kooperation schaffen beste Voraussetzungen für erfolgreiche Spielzüge auf dem Fußballplatz.

Ist das Gruppenerlebnis als Mittel geeignet, um dem einzelnen Spieler den Rücken zu stärken? Dieses WIR-Gefühl bringt zwar Spaß ins Spiel und erhöht das Selbstwertgefühl – aber mentales Training und gruppendynamische Wachstumsprozesse fördern Sie nur, wenn Sie sich der Mannschaft mit Einsatz und Interesse verschreiben. Bringen Sie sich ein, gehen Sie freundschaftlich auf die Mitspieler zu – und arbeiten Sie aktiv mit an den Zielen eines gut funktionierenden Teams.

Natürliche mentale Stärke

„Es überrascht nicht, wenn in unseren Untersuchungen immer wieder bestätigt wird, dass das Zusammensein mit Freunden die positivsten Stimmungen auslöst", beschreibt Mihaly Csikszentmihalyi, amerikanischer Psychologe und Glücks-Forscher, den „Flow-Effekt" in Interessengemeinschaften. Auslöser dieser positiven Emotionen sei „die Gemeinschaft mit dem gleichen Ziel", die eine Fußballmannschaft ja zweifellos darstellt. Sie alle haben ein gemeinsames Ziel: temperamentvoll spielen, den Gegner besiegen und Punkte einfahren. Auf der Grundlage dieser Verbundenheit produziert Ihr Gehirn positive Gefühle und Gedanken, die sich auf natürlichem Wege ergeben und nicht von außen aufgebaut oder gesteuert werden müssen.

Elf Männer, ein Gedanke

Für das Gefühl des Teamgeistes ist es unerheblich, ob eine Mannschaft den „Sieg-Status" (wie die brasilianische Nationalmannschaft oder der FC Bayern München) erreicht oder sich über den „Kult-Status" (wie der FC St. Pauli) freut. Zusammenhalt schießt Tore. Das gilt für Teams mit lauter Millionären ebenso wie für die Fußballmannschaft auf dem Stoppelacker. Stärken Sie Ihren persönlichen Mannschaftsgedanken und Sie fördern automatisch den Erfolgsgedanken einer ganzen Interessengemeinschaft.

Dietmar Demuth, ehemaliger Trainer des Hamburger FC St. Pauli, über Psychologie im Fußball, Teamgeist und VIP-Container.

„You'll never walk alone ..."

Was macht den FC St. Pauli aus?
Dietmar Demuth: *„Am Millerntor gibt es keine Stars, Pauli ist ein Fußballclub der No-Names. Dadurch entsteht eine enge mannschaftliche Geschlossenheit und ein großer Zusammenhalt – auch und gerade mit den Fans."*

Kultstatus statt Siegerstatus?
Dietmar Demuth: *„Ganz genau. Selbstverständlich ist und bleibt das Ziel der Sieg. Doch St. Pauli ist eben der ganz andere Verein. Das Publikum ist sehr fair, es geht ihm um Jubel, Erlebnis, Witz und Kult. Die Fans zeichnen sich durch positive Stimmungslagen aus, es gibt kaum Aggressionen. Jeder akzeptiert den anderen, die Fußballer stehen im Vordergrund und auf der Tribüne sind alle gleich. Übertrieben vornehme Zurückhaltung und VIP-Getue gibt es nicht. Es ist nur guter Wille, dass die Very Importants ein wenig mehr bezahlen, als die Normal Importants ..."*

Glockenschläge und Stadiongesänge?
Dietmar Demuth: *„Das schafft ein unglaubliches Gemeinschaftsgefühl. Wenn die Fans ,You'll never walk alone' von Garry and the Pacemakers anstimmen, wenn die legendäre Glocke schlägt, das ist unbeschreiblich!"*

Was tut ein Trainer, um den Teamgeist zu fördern?
Dietmar Demuth: *„Nichts Konstruiertes. Zuviel Psychologie kann auch ins Gegenteil umschlagen. Positiv ist auf jeden Fall ein offenes Verhältnis untereinander: Die Spieler feiern zusammen, haben eine Kochgemeinschaft und gehen gemeinsam essen. Der Trainer hört so etwas und freut sich. Ich mag keine gekünstelten Sachen. Gemeinschaft muss aus dem Innersten kommen und darf nicht verordnet werden, sonst sitzen die Spieler ihre Verabredung ab."*

St. Pauli und die Fans
In Hamburg am Millerntor herrscht eine ganz besondere Stimmung. Das Publikum zeichnet sich durch Originalität, Friedfertigkeit und uneingeschränkte Solidariät mit den Spielern aus – was die Akteure auf dem Platz zu schätzen wissen. Es gibt keinen Starrummel, dafür gute Sprüche. Auch auf der Tribüne sind alle gleich: Der Hafenarbeiter teilt sein Bier mit dem Staranwalt, die VIPs drängeln sich in der Halbzeit in einem Blechcontainer, in dem es statt Kaviar Bier und belegte Brote gibt. So entsteht eine Kultstimmung in der Hafenstadt, die Zusammenhalt schafft. Wenn die Mannschaft gewinnt, feiert die ganze Fan-Gemeinde Party auf der Reeperbahn.

„Eine Fußballsaison ist wie ein Leben!"
Die Fußballfans kommen in Wallung, selbst wenn sie in eisiger Novemberkälte zwei Stunden lang reglos auf der Stelle stehen. Innerlich geben sie stets alles. „Der fanatische Fan leidet wirklich", behauptet Dr. Heinz-Georg Rupp. „Er quält sich, sobald der Gegner an den Ball kommt. Erst ein Tor bringt ihm endlich die Befreiung ... Torjubel ist Rausch!" Wie weit geht die Identifikation des Zuschauers mit seiner Mannschaft? „Der Zuschauer siegt mit, als zwölfter Mann. Er ist dabei, weil er mit seiner Mannschaft in Einklang kommen möchte. Der Fan fühlt sich als Teil des Ganzen." Deshalb ist das Publikum ein wertvoller Bestandteil jeder mentalen Stärke auf dem Fußballfeld.

Corny Littmann, Präsident am Hamburger Millerntor, begleitet seine Mannschaft als treuer Fan seit einem Vierteljahrhundert durch alle Höhen und Tiefen. „Der kreative Umgang mit dem Leiden zeichnet die Fans des FC St. Pauli aus", beschreibt Littmann das seltene Bündnis zwischen Fangemeinde und einer Mannschaft, die nicht wirklich durch fußballerische Erfolge von sich Reden macht. „Ob Spontaneität, ergänzende Momente durch Spruchbänder, humorige Sprechchöre oder die Verbundenheit der ‚Underdogs', bei uns sind selbst fußballerische Niederlagen positive Erlebnisse – und damit Ergebnisse."

„Zu bestimmten Zeiten, wenn die Buschtrommeln des HSV ins Volksparkstadion, oder die des 1. FC Kaiserslautern auf den Betzenberg rufen, verlassen die Fans ihre Hütten, begeben sich zu den Versammlungsplätzen der Männer, nehmen berauschende Getränke ein, und tragen auf ihre Haut die Farben der Kriegsbemalung auf. Dann marschieren sie gemeinsam zu den Kultstätten des Kampfes. Dort verfallen sie in stundenlange Schlachtgesänge, die abwechselnd Lobpreisungen des eigenen Stammes und der Herabwürdigung des Gegners dienen: ‚Zieht den Bayern die Lederhosen aus … Lederhosen aus … Lederhosen aus'", analysiert Prof. Dietrich Schwanitz in seinem Buch Männer die Besonderheiten der „Arbeitsgemeinschaft Fanclub".

Das Gruppenerlebnis bedeutet gemeinsame Freude, Schulterklopfen und Umarmungen nach jedem Tor. Gerade im Fußball schwappt hin und wieder eine Welle der Gefühle über sonst kontrollierte Spieler, die darauf ihre Fähigkeit zur Männerfreundschaft und zum Wir-Gefühl demonstrieren. Die andere Seite dieser Gefühle ist die Aggression, die auf dem Spielfeld für Biss und Kampfgeist sorgt. Herzlichkeit und Härte bilden ein untrennbares Duo in der Fußballerseele.

Roger Willemsen, Bestsellerautor, Fernsehmoderator, Regisseur und vieles mehr, zeigt sich begeistert, wenn ein Fußballspiel durch Emotionalität berührt: „Das sind diese Momente und Situationen, die nicht nach der Liga fragen: tieftraurige Szenen in einem verlorenen Spiel, wirkliches Glück in den Gesichtern der Fußballer, euphorische Sekunden, die sich schwer in Worte oder Bilder fassen lassen." Wo findet er, der Zuschauer Willemsen, diese besonderen Momente? Im Bundesligaspiel, Länderspiel oder eher beim Bauernfußball, den er selbst als Kind spielte und für den er sich Sonntag für Sonntag in Begleitung des Vaters auf dem Dorfplatz einfand? „Überall und Nirgends. Sobald die Fußballer als Lohnarbeiter auf den Platz laufen, ist die Emotionalität gefährdet." Wo fühlt er die Ansteckung, jenes Fußballfieber, in dessen Mittelpunkt nicht Geld, Verträge und Übertragungsrechte stehen? „In den Rufen, in den Schreien … im Jubel des Publikums. Der Torjubel verbindet Fan und Spieler, er bildet die Brücke zwischen Fankurve und Fußballmannschaft." Für Willemsen entscheidet der emotionale Gehalt eines Spiels über dessen Schönheit, „und nimmt man mir die Freude am schönen Spiel, dann nimmt man mir das Spiel".

Gero Bisanz, ehemaliger Leiter der DFB-Trainerausbildung in Köln und Trainer der Deutschen B-Nationalmannschaft, formte die Frauen-Nationalmannschaft in den 80er und 90er Jahren auf ihrem Weg zu Meisterschaften und Titeln.

Der Europameister und Vize-Weltmeister über Gemeinschaftsgefühle, menschliche Werte und Spielerglück:

Teamgeist als Spielerqualität?
Gero Bisanz: *„Dieser Faktor spielt eine übergeordnete Rolle im Fußball. Das Wechselspiel zwischen Trainer und Team und auch innerhalb der Mannschaft schafft Spielfreude und Spaß für den einzelnen Spieler. Daraus entsteht ein gedanklicher Zusammenhalt, der für Erfolge enorm wichtig ist."*

Leben Sie den Spielern Ihren Gemeinschaftsgedanken vor?
Gero Bisanz: *„In meinen Trainingslagern setze ich mich abends mit dem Trainerteam zusammen, wir unterhalten uns über das Tagesgeschehen. Die Fähigkeit des offenen kommunikativen Zusammenseins ist meines Erachtens ein wesentlicher Faktor für die Vermeidung von Konflikten. In einer Mannschaft muss miteinander gesprochen werden, es muss Betrieb herrschen, was in meinen Teams eine Art Pflichtübung war. Zusammensein, Menschlichkeit, gemeinsame Freude an der Arbeit – aus diesen Momenten entsteht doch Glück! Sehen Sie, wir sind ja Menschen, ausgestattet mit allen menschlichen Eigen-*

schaften, die Verbundenheit ermöglichen. Wir haben die Fähigkeit, zu kommunizieren und miteinander zu lachen. Diese Energiequelle sollten Trainer und Mannschaft speisen und nutzen."

Also Menschlichkeit statt harter Worte?
Gero Bisanz: *„Die Freude am Fußball hat für mich stets im Vordergrund gestanden. So übe ich Kritik an Teamkollegen oder Spielern stets mit positivem Ansatz. Das ist freundschaftliche Hilfe, um die Form eines Mitspielers zu verbessern. Das Geheimnis einer erfolgreichen Mannschaft ist die Spielfreude, ein Team als geschlossener Kreis und die Konzentration auf den Sieg. Diese Komponenten machen den Unterschied zu weniger erfolgreichen Fußballteams aus."*

Giovanni Trapattoni, der seine Ideale im Fußball als die eines modernen Sozialisten bezeichnet, arbeitet enthusiastisch gegen den Egoismus auf dem Spielfeld. Seine Auffassung vom Gemeinschaftsgedanken:

„Die mentale Stärke eines Spielers ist natürlich wichtig für den Erfolg einer Mannschaft. Doch ihr Wert zeigt sich erst in seiner Einstellung zum Kollektivgedanken …
Innerhalb eines Fußballteams müssen alle Spieler von gleicher Bedeutung sein, was sich innerlich und äußerlich ausdrücken muss. Es geht nicht an, dass sich Einzelne abspalten und glauben, sie seien etwas Besonderes. Ich glaube an diese Auffassung vom erfolgreichen Mannschaftsgeist."

Fußballautor Christian Eichler beschreibt den aktuellen Zustand des Gemeinschaftsgeistes enttäuscht: *„Moderner Mannschaftsgeist ist Mengenlehre für Millionäre …"*

OTTMAR HITZFELD erklärt über die Wirkung des Teamgeistes im FC Bayern München: *„Ein gewichtiger Lernfaktor, den ich vor jeder Saison den Spielern als Ziel vorgebe, ist, eben nicht nur den Titel zu verteidigen, sondern sich immer wieder im Teamgedanken zu finden – und auch genau so aufzutreten, als geschlossene Einheit. Mit dieser Einstellung haben wir den Titel des Deutschen Meisters gewonnen, die Champions League und andere Pokale. Sollten die anderen Mannschaften auch stärker sein, wir sind die bessere Gemeinschaft. Das Gefühl des Zusammenhaltens müssen wir ständig neu erarbeiten und erreichen – ein großes Ziel."*

Stellen Sie sich Ihre Mannschaft als geschlossenen Kreis vor, in dem sich die mentalen Kräfte von einem Spieler auf den anderen übertragen, genau wie es Sepp Herberger predigte. Berti Vogts sprach von einer „Schweiß-Gemeinschaft", wenn er in seinen Spielern den Teamgeist wecken wollte. Gemeinsam für die Tore schwitzen, Probleme lösen und Meisterschaften gewinnen: So entstehen verbindende Emotionen, nicht nur für die Spieler auf dem Platz, sondern auch für Trainer, Fans, Funktionäre, Zeugwarte, Balljungen und Präsidien: Die gesamte Fußballgemeinschaft ist Teil des Ganzen.

14. Finalisten

DER SPIELER MIT FÜHRUNGSQUALITÄTEN muss nicht unbedingt als offizieller Mannschaftsführer innerhalb eines Fußballteams agieren. Es spricht eher von den inneren Eigenschaften und Qualitäten eines Fußballers, wenn von ihm als „Charakterspieler", „Führungsspieler" oder „Spielerpersönlichkeit" die Rede ist.

Formen Sie Ihre eigene Vorstellung von sich als Spielmacher, indem Sie Ihre persönlichen Charakterstärken finden. In den folgenden Portraits finden Sie beschrieben, wie diese Stärken und die entsprechenden Profile aussehen können.

Erich Rutemöller: *„Herausragende fußballerische Qualitäten schaffen Anerkennung innerhalb der Mannschaft."*

Wo sehen Sie heute Profile von Spielerpersönlichkeiten?
Erich Rutemöller: *„Sie sind weniger geworden. Charaktere wie ‚Kaiser Franz' oder den Torjäger Rudi Völler gibt es kaum noch – es wird mehr im Kollektivgedanken gespielt. Die ganze Mannschaft muss sich beweisen, was auf die ständig steigenden Anforderungen im Fußball zurückzuführen ist. Selbstverständlich gibt es auch Spielerpersönlichkeiten, die aufgrund individuellen Könnens und ihres ausgeprägten Charakters ein Team lenken können."*

Was zeichnet diese aus?
Erich Rutemöller: *„Zunächst einmal die klassischen fußballerischen Merkmale: hervorragende Qualitäten im technischen, taktischen und konditionellen Bereich. Außerdem haben Spielerpersönlichkeiten große intellektuelle Fähigkeiten, verbunden mit Führungsqualitäten. Das ist nicht im Sinne einer wissenschaftlichen Psychologie oder Pädagogik gemeint, sondern basiert eher auf eigenen Erfahrungen oder abgeschauten Situationen, die der Spieler abstrahiert, also unbewusst auswertet, um sie auf neue Spielsituationen zu übertragen."*

Bedeutet das ein Vertrauen in die innere Stärke?
Erich Rutemöller: *„Genau. Dem eigenen Gefühl vertrauen, um aus der Intuition treffsicher und richtig zu handeln. Das ist eine Stärke, die erfolgreiche Fußballspieler auszeichnet."*

Physisch und psychisch in Form
„Eine US-Untersuchung besagt, dass die meisten charakterstarken Sportler in den großen Teams wissen, wie man mit einer Niederlage umgeht", so Dr. Heinz-Georg Rupp, „und dabei in der inneren Einstellung gelassen bleiben. Geht es schief, haken sie es ab. Furcht vor Misserfolg darf nicht aufkommen. Echte Fußballcharaktere müssen sich auf den Moment konzentrieren können, andererseits aber auch über die Dauer von neunzig Minuten dabei sein. Um diese Attribute ausfüllen zu können, müssen sich die Sportler körperlich und mental topfit zeigen."

DFB-Schiedsrichter Hartmut Strampe wünscht sich von Spielerpersönlichkeiten die **„Vorbildfunktion auch hinter dem Rücken des Schiedsrichters!"**
Der Unparteiische sagt über die Qualitäten herausragender Fußballer: „Sie können sich auch in angespannten Situationen vernünftig mit dem Schiedsrichter verständigen. Außerdem sind sie in der Lage, ihr Team auf dem Platz und in der Öffentlichkeit repräsentativ zu vertreten. Ein wirklicher Charakterspieler zeigt auch hinter dem Rücken des Schiedsrichters regelgerechtes Verhalten. Leider zeigt sich bei Bundesliga-Übertragungen im Fernsehen häufig das Gegenteil: Spieler, die sich den Ellenbogen ins Gesicht rammen oder den berühmten ‚Finger' zeigen."

Die weitreichenden Folgen dieser Verhaltensweisen werden von den Fußballern laut Strampe verantwortungslos missachtet:

„Durch Fernsehkameras aufgezeichnet und gesendet, sehen Kinder und Jugendliche ihre vermeintlichen Vorbilder auf dem Bildschirm und ahmen sie im nächsten Punktspiel nach." Die Konsequenz aus diesen Beobachtungen? „Fairness und Kollegialität aus innerer Überzeugung wäre für mich eine wünschenswerte Entwicklung im deutschen Profifußball."

Der Spielführer …
versteht es, durch Spielwitz und Leistung in Mitspielern und Trainer „das Vertrauen in seine Umsicht und Stärke zu wecken. Er ist unerschrocken, gerät nie in Panik, vertraut seiner eigenen Kraft und reagiert nie hektisch. Zugleich hat er auch die Fähigkeit, die Gruppe als Ganzes zu repräsentieren. Nach außen zeigt er das Bild, das die Gruppe gern selbst von sich hätte", fasst Prof. Dietrich Schwanitz den Charakter des Anführertyps zusammen.

Günter Netzer über seine prägende Zeit im königlichen Club von Madrid:
„Bei Real habe ich mir alles erkämpfen müssen, vorher ist mir alles in den Schoß gefallen – das hat mich einen enormen Schritt nach vorn gebracht."

Dieter Burdenski, langjähriger Torhüter des SV Werder Bremen, über die Qualitäten eines Führungsspielers: **„Er muss konsequent seine Ziele verfolgen."**

„Ein Spielmacher zeichnet sich durch menschliche Größe aus. Sie verschafft ihm Akzeptanz innerhalb der Mannschaft. Er setzt realistische Ziele, verfolgt sie glaubhaft und bewirkt auf diese Weise eine motivierende Leistungssteigerung aller Spieler."

Ein Spielcharakter wie ein Hochleistungsmotor?
„Die Zuschauer wollen keine Spieler sehen, die kühl sind wie Weltraumraketen", weiß Dr. Heinz-Georg Rupp. „Sie wollen Jubelschrei und Berührung zugleich. Der Kicker mit Spielcharakter hat beides. Bei ihm stimmt aber auch die Leistung. Sonst würde er das gute Gefühl der Zuschauer leichtfertig verramschen."

„Er hat gelernt, unter Druck Höchstleistungen zu bringen, Teamgeist zu entwickeln, mental zu trainieren. Das sind die besten Voraussetzungen, um den ‚Fighting Spirit' zu entwickeln und so entscheidende Impulse in die Mannschaft zu geben."

„Er verfügt über ein trainiertes Vorstellungsvermögen und den unbedingten Glauben an seine innere Stärke. Das bewirkt Mut, Souveränität und Risikobereitschaft auf dem Feld. So sehen ausgezeichnete Vorraussetzungen für eine Spielerpersönlichkeit aus."

„Fritz Walter hat unser ganzes Land reicher gemacht", sagte Bundespräsident Johannes Rau zum Tode des Ehrenspielführers der Nationalmannschaft im Juni 2002. „Walter war eben nicht nur über fast zwanzig Jahre hinweg die prägende Gestalt des deutschen Fußballs", wie Christof Siemes in *Das Wunder von Bern* beschreibt, „sondern gab ein Rollenmodell für die gesamte Gesellschaft ab: bescheiden, bodenständig, zielstrebig, erfolgreich."

Charakterspieler durch soziale Intelligenz
Ein gesunder Egoismus ist zunächst einmal nicht negativ. Wer erfolgreich Fußball spielen will, sollte die individuellen Qualitäten trainieren, um daraus das Selbstwertgefühl im richtigen Maße zu entwickeln und zu fördern. Positive Aggressionen und nötiger „Biss" sind darin eingeschlossen. Allerdings ohne Arroganz, ganz im Sinne der Selbstverwirklichung. Die so erzeugte innere Stärke fließt in den Teamgedanken der ganzen Mannschaft ein: soziale Spielstrukturen durch selbstbewusste Persönlichkeiten.

Beliebt, verehrt, bewundert?
Die gelungene Mischung aus Können, Kampfbereitschaft, Selbstbewusstsein und Ausstrahlung formt charakterstarke Fußballer und herausragende Athleten. Dazu gehört auch, sich selbst treu zu bleiben. Verfolgen Sie Ihre individuellen Ziele und nehmen Sie Werte, Förderer und Philosophie ihres Vereins genau unter die Lupe, bevor Sie sich „reinhängen". Eigene Wertvorstellungen stabilisieren die persönliche Haltung.

Roger Willemsen über den ehemaligen DFB-Teamchef **Berti Vogts** in *Noch eine Frage: „Er vergisst nie, dass es sich ja nur um ein Spiel handelt, dass es also Wichtigeres gibt im Leben und dass die deutsche Verbissenheit im Umgang mit sportlichen Siegen die Ausübung dieses Sports eher behindert als erleichtert. Zugleich ist für ihn der Fußball immer mehr gewesen als Sport, nämlich Begeisterung, sozialer Verbund, Ergänzung der Familie, diplomatische und patriotische Aufgabe, Verpflichtung."*

Von einer Spielerpersönlichkeit ist also die Rede, wenn ein Fußballer die eigenen Talente in sich erkennt und erspürt, sich Visionen seiner zukünftigen Erfolge schafft, um sie mit vollem Engagement umzusetzen. Wie **THOMAS DOOLEY,** ehemaliger Capitän des US-Nationalteams, formuliert, muss man „sich dabei moralisch als Spieler einer starken Mannschaft, eines gut funktionierenden Teamgeistes sehen, fühlen und verhalten. Was aber im Spitzenfußball auch bedeutet, Karriere und Begeisterung für das Spiel nicht hinter mögliche Popularität zu stellen: Ruhm und Medienrummel können für Unsicherheiten sorgen, sobald sie einmal aussetzen. Mannschaft, Fans und die eigene Spielfreude verdienen aber Kampfgeist und absoluten Einsatz auf dem grünen Rasen."

TraumFußball

Bevor Giovanni Trapattoni sein persönliches Vorhaben formuliert, fassen Sie Ihren eigenen Traum vom Fußball zusammen. Begeistern Sie sich für die Faszination Fußball, überzeugen Sie sich in Training, Alltag und Spiel von Ihren persönlichen Stärken, visualisieren Sie sich in die erfolgreichsten Spielzüge hinein. Und freuen Sie sich auf jene unvergleichlichen Torjubelmomente, in denen Sie sich wünschen, dass jeder Tag ein Samstag wäre.

Signor Trapattoni, wie haben Sie es geschafft?
„Es ist mein Charakter, der mich nach vorn gebracht hat. In einem Interview mit Giuseppe Di Grazia wurde ich gefragt, wie ich den Menschen am liebsten in Erinnerung bleiben würde. Als erfolgreichster Trainer der Welt? Nein. Wenn Sie mich fragen, meine Vorstellung wäre, dass sie denken, Trapattoni war ein anständiger Mensch."

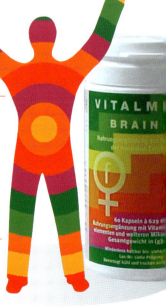

Bücher:

Amstrong, Lance: Tour des Lebens. Bastei/Lübbe, Bergisch Gladbach.2001
Bäßler, Ulrich: Sinnesorgane und Nervensystem. Metzler, Stuttgart.1975
Bartmann, Prof.Dr.Ulrich: Laufen und Joggen f. d. Psyche, DGVT, Tübingen.2002
Bisanz, Gero/ Gerisch, Gunnar: Fußball. Rowohlt, Hamburg.1988
Chopra, Deepark: Die sieben Gesetze...Heyne, München.1996
Coelho, Paulo: Handbuch des Kriegers... Diogenes, Zürich.2001
Cramer, Dettmar/ Jackschat, Birgit: Fußballpsychologie. M&M, Aachen.1998
Czickzentmihalyi, Mihaly: Flow. Klett-Cotta, Stuttgart.1999
Czickzentmihalyi/ Jackson: Flow im Sport, BLV, München.2000
Eberspächer, Hans: Mentales Training. Copress Verlag, München.2001
Eichler, Christian: Fußball Mythen. Eichborn, Frankfurt.2000
Eichler, Christian: Kleines Lexikon der Fußballnieten. Eichborn, Frankfurt.2002
Fixx, James F.: Das komplette Buch vom Laufen. Fischer, Frankfurt.2000
Gawain, Shakti: Stell Dir vor. Rowohlt, Hamburg.1994
Goleman, Daniel: Meditation. Beltz, Weinheim-Basel.1990
Hörwick, M./Renner, HP: Offizielles Jahrbuch FC Bayern München 2002.
Hornby, Nick: Fever Pitch. Kiepenheuer & Witsch, Köln.2001
Johnen, Wilhelm: Muskelentspannung nach Jacobson. G&U, München.1999
Kleffmann, Gerald: Wörterbuch Ottmar Hitzfeld. Belchen Verlag. 2002
Klein, Stefan: Die Glücksformel. Rowohlt, Reinbek b. Hamburg. 2002
Kuby, Clemens ... 2003
Loehr, Dr. James: Die neue mentale Stärke. BLV Verlag, München.1994
Müller-Wohlfahrt,Dr.H.-W.: Mensch,beweg Dich! Zabert-Sandmann, München.2001
Peale, Norman Vincent: Was Begeisterung vermag. Oesch Verlag, Zürich.1989
Pease, Allan & Barbara: Warum Männer nicht zuhören...Ullstein, München.2001
Rudi, Werner u. a.: Fussball-WM 2002. DSV, Köln.
Rosenberg, Dr. Christiana: No stress, Südwest, München.2001
Schwanitz, Prof. Dietrich: Männer. Eichborn, Frankfurt/Main.2001
Siemes, Christof: Das Wunder von Bern. Kiepenheuer & Witsch, Köln.2004
Silva, José/Miele, Philip: Silva Mind Control. Heyne, München.1990
Stemme, Prof.Fritz/Reinhardt, Karl-W.: Supertraining. Econ, Düsseldorf.1988
Suinn, Richard M./ Seven Steps for Peak Performance. HHP, Toronto
Strunz, Dr. Ulrich: Forever Young. G&U, München.1999
Wilde, Steward: Wunder/Fließende Energie. Hugendubel/Sp., München. 1999
Willemsen, Roger: Noch eine Frage. Piper, München.1997

Die Deutsche Bibliothek – CIP-Einheitsaufnahme
Bibliografische Information Der Deutschen Bibliothek
Die Deutsche Bibliothek verzeichnet diese Publikation in der Deutschen Nationalbibliografie;
detaillierte bibliografische Daten sind im Internet über abrufbar.

1. Auflage 2004
Publizistische Beratung: Ulrich Müller-Braun

Redaktion: Eva Neisser; Produktion: Jutta Wallrafen

Umschlaggestaltung: Burghardt Sens, Köln; Layout und Satz: 4-Senses, Kelkheim
Bildnachweis: Cornelia Müller, U4, alle anderen: Volker Dziemballa, ASA-Fotos
Printed in Germany; ISBN 3-8025-3385-2

Besuchen Sie auch unsere Homepage: www.vgs.de